朝日新書
Asahi Shinsho 941

限界分譲地

繰り返される野放図な商法と開発秘話

吉川祐介

朝日新聞出版

まえがき

「限界分譲地」の問題とは何か

近年、メディアで「限界ニュータウン」という表現を見かける機会が多くなってきた。高齢化が進む、昭和以前に開発された都市部郊外の「ニュータウン」全般を指して使われることもあれば、空き家や空き地が増加し、特に衰退が著しい特定の住宅街を指して使われることもある。いずれにしてもあくまで俗語として使われているものなので、「限界」という言葉の持つイメージや語感ばかりが先行し、未だ明確な定義もなく主観的に使用されているのだが、今後ますます人口が減少していく中、全国各地の「ニュータウン」が大きな曲がり角に差し掛かっているという認識は、すでに広く共有されているものだと思う。

一方で、その郊外型ニュータウンのさらに外側、農村部の間に忘れられたように残されている小規模な住宅分譲地については、広く語られる機会は少ない。ましてや市街地から遠く離れた山間部に点在する別荘地などにいたっては、そこに土地を所有している当事者でもなければ、関心を持つどころか、そもそもその存在すら目にする機会もないのが普通なのではないかと思う。僕はそのような、家屋もまばらでほとんどが空き地のまま放置されているような超郊外の分譲地を、主に「限界分譲地」と呼称しているが、これもまた都市問題の用語として定着しているとは言いがたい。

実際のところ、当事者以外にとっては直接的に関係のある話ではなく、当事者にとっても多くの場合は人前で広く語る機会もあまりないような個人的な問題なので、いわゆる「社会問題」として扱いにくい題材ではある。しかし、投機商品として販売されたこれらの「限界分譲地」は、所有者が亡くなり、相続する段階になって初めて親族がそのような土地を所有していた事実を知らされ、ある日突然オーナーになってしまう事例も数多くある。突然降ってわいたように負の遺産の相続が発生したものの、自力で集められる情報は限られており、戸惑い、持て余してしまう人は少なくない。

地主は正確な情報から遮断されている

こうした分譲地にまつわる問題と、それを所有する地権者が抱える葛藤について、僕は前著『限界ニュータウン　荒廃する超郊外の分譲地』で一通り解説を行った。しかし、前著はどちらかと言えば、僕を含め、その分譲地に実際に暮らす人の視点を中心に書いたもので、それを所有することによるリスクや、所有者の周辺にまつわるトラブルといった視点での考察は弱かったように思う。そこで本書では、昭和の時代に投機目的で開発され、今は住宅地としての存続も危ぶまれる状態にある「限界ニュータウン」「限界分譲地」にまつわる諸問題に焦点を絞り、あわせて前著ではほとんど触れられなかった、いわゆる「原野商法」の話や、分譲地ではないが、維持管理の面で分譲地と共通の課題を抱えるリゾートマンションについての解説も行っている。

「限界ニュータウン」「限界分譲地」をテーマに語ると、どうしてもそこに住む人の苦労や悲哀などがクローズアップされがちだが、一方でその限界ニュータウンの家々の間に残る空き地は、そこに住むわけでもない都市部在住者の所有地であり、そんな不在地主もまた、いつ売れるのかもわからない「負動産」を抱え込み、時には悪知恵を働かせた業者の口車に乗せられ、不毛な維持費を捻出して所有し続けている。その土地を買いたい人よりも、売りたい人の方が圧倒的に多いような限界分譲地は、問題の根源はむしろそうした不在地主側の事情にあることが多いと考えている。それは不在地主に非や落ち度があるという話ではなく、むしろ正確な情報から遮断されているところにあると言った方が正しいかもしれない。

「限界ニュータウン」「限界分譲地」を題材に、個人的に調査を始めてから7年程になるが、そもそも調査を始める動機となったのは、こうした投機目的で乱売された分譲地に関する情報や資料そのものが圧倒的に少なかったためである。地域住民や地場の不動産会社の間では、そこにかつての乱開発の分譲地が放置されていることはすでに周知の事実だったが、商品価値もなく、その所有者のほとんどが遠方在住者である限界分譲地について、深い関心を払う者もいないまま長年放置され続けていた。

自ら関心を持って調べた僕でさえ、結局既存の刊行物やネット情報では体系化された情報をほとんど目にすることができなかったのだから、インターネットに馴染みのない高齢者や、不本意に相続で取得する羽目になったような方にとっては、たとえ土地の処分をしたいと考えても、どこから手を付ければよいのかもわからなかったのではないだろうか。そして、これほど「負動産」という造語が広く使われるようになった今でさえ、自分の所有する土地についてほとんど何の知識も持ち合わせていない人は少なくない。

確かに価格が付けられず、手放すのも困難な不動産があるのは紛れもない事実だ。間違いなく人口減少が見込まれる今の時代、すべての不動産の流通を促すことなど現実的な話ではないかもしれない。ところが一方で、まだ市場に流通できたはずの空き家や空き地が、そうした所有者自身の知識不足や決断の遅れによって流動性が損なわれ、商品価値を大きく毀損している例も、僕はこれまで数多く目にしてきた。これは、所有者自身はもちろん、その不動産がある地域や周辺住民にとっても、またその地域で不動産を扱う業者にとっても不幸なことだ。流通が正常に機能していなければ、できる対策も限られてしまうし、昨今取りざたされる「空き家問題」も、こうした所有者自身の決断の遅れに起因しているケースが少なくないと思われる。

　僕が不動産会社の声を代弁して、無理に安く売れなどと煽り立てるつもりはないのだが、僕自身、取材の中で、明らかに判断ミスとしか言いようのない選択によって「負動産」と化してしまった事例に、やりきれなさを感じることは少なくない。今後ますます高度成長期からバブル期時代の不動産の相続が進んでいく中、本書が少しでも適切な決断を促す役割を果たすものになればと考えている。

限界分譲地　繰り返される野放図な商法と開発秘話

目次

第4章 変質するリゾートマンション

あとがき　233

※写真はとくに断りのない場合、著者撮影

第 1 章

取り残される限界ニュータウン

限界ニュータウンはどういうもので、どこにあるか

僕が定義している「限界ニュータウン」「限界分譲地」とは、僅かにしか家屋が建てられておらず、今なお多数の区画が更地のまま残されているような住宅分譲地のことである。

しかし、「限界ニュータウン」と一言で言っても、これは都市問題の用語として正式に採用されているものではないため、その定義にはどうしても個人の主観が混じってしまうのだが、僕が定義している「限界ニュータウン」「限界分譲地」の多くは、いわゆる「郊外エリア」のさらに外縁部、都市近郊型の農業地帯の中に虫食い状に点在している。

限界ニュータウンの語源となった「限界集落」は、基本的には都市部から遠く離れた山村の小集落であることが多いため、限界ニュータウンも同様の立地のものと思われてしまうことがある（実際、山間部に開発された住宅地を指していることも多い）。「限界」という語句と、物理的な距離やアクセスの難易度がイメージとして結びつきやすいのだと思う。

しかし、僕が取材のフィールドにしている千葉県北東部においては、「限界ニュータウン」といえど、立地はあくまで都市近郊型の農村地帯である。基幹産業である農業や、その産業を担う既存の農村集落までもが、将来的な課題はあるとはいえ、現時点で直ちに持

続不能になるほど著しく衰退しているという印象はない。

また、市街地でも、旧市街地の空洞化という課題を内包しながらも、今も通常の経済活動が展開されている。そうした小都市のすぐ外側に「限界ニュータウン」「限界分譲地」は存在する。

千葉県八街市の畑の模様。広大な畑の向こうに、ミニ開発の住宅地が点在している。

この、都市部から極端に遠いわけでもなければ、かといって利便性を享受できるほど近くもないという絶妙に中途半端な立地こそが、限界ニュータウンをめぐる諸問題を引き起こす要因の一つであると考えている。

従前、「限界集落」の代表格であった過疎地・へき地集落の中には、産業構造や住民の就業形態、災害、あるいはダム建設などの公共事業など、諸々の環境の変化によって住民が離れ、消滅したところが少なくない。

一方で、限界ニュータウンの場合は、自力移動が困難なほど体力の衰えた高齢者でもない限り、日常生活に著しく支障が出るほど悪条件の立地でもないために、利便性が悪い代わりに地価が安い住宅地として、地域社会に今も組み込まれているという実態がある。

別荘地として開発された分譲地は、山村集落と変わらない立地条件のところも数多くあるが、少なくとも僕が踏査しているような千葉県の「限界ニュータウン」「限界分譲地」は、都市部から遠く離れたへき地というよりは、都市の郊外の、そのまたさらに外縁部、郊外と農村部の境界付近に散在している。

千葉県は農村部も含め県内全域において都市部と同様の不動産市場が形成されており、物件の供給も続いている。よほど朽ち果てた物件でもない限り、中古住宅の処分に困るようなエリアはまず存在しないと言っていい。その市場において、数多くの分譲地の更地の荒廃や所有権の散逸が続いている。

つまり、見方を変えれば、かつての炭鉱町や開拓集落のようなへき地ではなく、今や都市の外縁部でも居住環境の衰退・荒廃が顕著になりつつあるともいえる。

問題は立地より開発経緯

「限界ニュータウン」「限界分譲地」と化してしまったかつての分譲地は、山村にあるか農村にあるか、それとも都市の近郊かというような立地の問題というよりは、むしろその開発用地として選定された自治体、あるいは地域が、その当時にどのような開発規制が掛けられていたかに左右される面が大きい。

宅地開発を行う上での主要な規制法である都市計画法の制定は1968年で、これはちょうど本格的な開発ブームが巻き起こるタイミングと同時期になるが、この「都市計画法」に定められた規制が適用されるのは、原則として「都市計画区域」として指定されている自治体・地域を想定している。

ところが現在の「限界ニュータウン」「限界分譲地」は、その当時、都市計画区域に指定されていないエリアが大半であった（都市計画区域外）。都市計画区域に含まれていたとしても、非線引き自治体（「市街化区域」と「市街化調整区域」の区分けが行われていない自治体のこと）で、都市部と比較して開発にかかわる規制が緩い。

都市計画区域に含まれていないということは、元々あまり大規模な開発の予定もないのだから当然地価は安い。開発行為にかかわる規制も緩いので、許可が不要な範囲で開発できる面積も広くなる。僕は「限界ニュータウン」を抱えるいくつかの自治体の担当部署で、当時の開発許可の記録が残されているか尋ねてみたが、都市計画区域外における開発分譲地で、開発許可申請が出されていたところは全体のごく一部であった。開発許可申請を行う必要がないのだから、わざわざ余計な手間をかける業者はいない。

地価の安い都市計画区域外で、開発許可が不要な範囲の小規模開発によって宅地分譲を繰り返すという、およそ町の将来を丁寧に見据えているとは言い難い安易なビジネスモデルが、千葉県で言えば、主に成田国際空港周辺や、JR総武本線やJR外房線沿線の自治体で横行していた。具体的には八街（やちまた）町（現・八街市）、山武（さんぶ）町（現・山武（さんむ）市）、下総（しもふさ）町や大栄（たいえい）町（いずれも現・成田市）といった自治体だが、いずれの自治体も人口は多くなく、農業を基幹産業としていた小規模自治体ばかりだ。

他県でも同様の開発は行われていたが、選定される立地の条件は同じで、都市部から近くもなければ、かといって観光地として名を馳せるほど風光明媚な景観が広がる大自然というわけでもなく、言っては悪いが、前述した通り、あまりに「中途半端」な立地がターゲットにされている。

現代の感覚であれば、さしたる開発の計画もなく、十分な公共交通網も整備されていないような地域において、なぜそれほど盛んに宅地分譲が行われたのか、事情が分かりにくくなっている面もあるかもしれない。今なお数多く残る更地を見て、その立地や利便性の悪さから、需要の読みが甘いデベロッパーが宅地開発を行ったものの思うように売れ行きが伸びず売れ残っている、と思い込んでしまうのも無理はない。

千葉県東金市の農村部のバス停留所。本数は１日わずか５～６本で、利用者はほとんどいない。

限界ニュータウンの交通、教育事情

千葉県北東部、主に成田空港周辺や九十九里平野の限界分譲地の生活インフラにおいて、特に衰退が顕著なのは交通機関と教育施設である。鉄道の減便、バス路線の縮小や廃止、そして児童・生徒減少に伴う小中学校の統合・廃止である。

これは近年、日本の地方部全体に共通してみられる現象であり、特に限界ニュータウン固有の問題というわけではないのだが、一般の郊外住宅地同様、「ベッドタウン」としての用途に特化して利用されてきた限界分譲地において、この交通と教育のインフラから切り離されるのは、本来、子育て世代の新築需要に応えるべく開発された住宅用地としては致命的なマイナスポイントになる。

交通手段が閉ざされれば、当然児童・生徒の登下校にも深刻な影響を及ぼすわけで、両者は不可分のものなのだが、問題は、学校の統廃合を決定する機関が教育委員会なのに対し、交通機関の存続を決定するのは民間企業、あるいは自治体の都市政策に関する部署で、両者が必ずしも連携が取れているわけではないという点にある。

交通機関の縮小を充分に考慮せず学校の統廃合が進められたり、あるいは地域に児童や生徒がまだ残っていたとしても、バス路線が維持できなくなっているところがある。状況は数年単位で目まぐるしく変化している。

その一方で住宅や住宅地というものは、高額商品であることもあって、一度完成したら数十年単位で利用されるものなので、地域社会の急速な変化に、不動産市場が追い付いていない。住宅地が地域社会から取り残され「限界化」してしまう理由はこの点にもある。

学校の有無は、現在、多くの地方都市において、その土地の資産性や流動性を左右する最も重要なファクターになっている。そもそも地方の小都市の道路事情は、都市部のように徒歩での移動を前提にしていないことが多く、子供が徒歩で登下校するには危険な道路が少なくない。

横断歩道も少なく、歩道もない。自治体によっては登下校のためのスクールバスを運行しているところもあるが、それはあくまで登下校のためのもので、子供が自力で移動するための公共交通網はすでに失われている。

加えて、あまりに学校から遠く通学が不便なエリアでは、子育て世代は好んで住みたがらないので、仮にそこがどんなに物件価格や賃料が安めであったとしても、近所に友人もいなければ、下校後に遊びに行くための交通手段もない。おまけに学習塾に通うのも容易ではないとなれば、親としては敬遠せざるを得なくなる。

僕が住む横芝光(よこしばひかり)町でも、学校が遠いエリアにある古い分譲地は、もはや坪1万円以下でも売却が難しい状態が続いている一方で、比較的区画面積が広く、小学校まで徒歩で通えるエリアは、駅も商業施設も近くないにもかかわらず坪数万円以上の値段が付いている。安心・安全な子育てや通学のためには、10倍の価格差を受け入れてでも、学校の近くに住居を構えるほかないのだ。

電気・水道・ガスはどうなっているか

一方、各家庭に供給される生活インフラ、すなわち電気・水道・ガスといった諸設備については、少なくとも電気とガス（プロパンガス）については、一般の農村部と同様の供給が保たれており、現時点でその供給に大きな問題は発生していない。

問題は上下水道である。もともと千葉県の農村部は上下水道の普及率が低く、その農村部に散在する限界分譲地も、いまなお上水道すら届いていない所は珍しくない。上水道のない分譲地の住戸は、基本的に自宅の敷地内に各戸自前の井戸を掘って生活用水を確保しているが、数百区画に及ぶ中規模程度の住宅分譲地だと、その住宅団地の住戸のみに配水する、私設の水道設備（千葉県では主に集中井戸と呼ばれる）を構えていることもある。

団地専用の水道設備。集中井戸とも呼ばれる。公営水道ではなく、団地住民自らが維持管理を行う。

個別の井戸も、水質面で問題が発生することはあるが、より深刻なのは実はこの私設の水道設備であったりする。たとえば住宅分譲地内の道路が私道だった場合、それは個人の私有地として、基本的に公的な補修工事は行われず、所有者の自己負担で修繕するしかないのだが、水道設備においても同様で、公共事業でも多額の出費を要するような水道の維持管理を、せいぜい数百世帯の住民が結成した管理組合で続けている実態がある。これは並大抵の話ではない。

このことは分譲マンションの共有設備に置き換えてもらえばわかりやすい。事態はマンションよりも深刻だ。後述するが、なにせ限界ニュータウンには分譲当初から半世紀近くを経た今なお、一度も家屋が建てられたことのない空き区画（空地）が多数存在する。実際に住戸が建築された区画数が、総区画数の50％を下回っているところなどまったく珍しくない。

ところが、分譲地の開発当初に設置された水道設備は、単に、販売広告で「上水道完備」と書くことだけを目的にしたような、見た目だけ取り繕ったハリボテの共用設備（実はそのようなものも少なくない）でもない限り、基本的には地中に埋設された水道管も含めて、あくまですべての区画で住戸が建てられ、利用されることを想定して作られている。

それを、想定人口の半分も満たないような住民のみで維持するとなればいったいどうなるか。マンションで言えば、居室の半数が空室かつ管理費も納入されていない状態で、管理を維持している状況に等しい。結果、すでに老朽化が進んだ古い水道設備や水道管の応急的な補修で予算を消化するばかりで、設備の刷新まで行う余力がなくなってしまう。

それどころか、開発当時の水道管の埋設図面が保管されていなかったために、自ら利用する水道設備の、水道管がどこに埋まっているのか、今なお正確に把握していない団地もある。地中の水道管に破断や亀裂が発生し、漏水が地表に現れた時点で、その水道管を探しながら掘り進めて補修を試みるという応急工事を行っている。

この場合、当然、地中のどこかに漏水したまま、正確に特定できていない破損個所も存在するはずなのだが、現状では漏水したまま放置し続けるしかない。事情に詳しくない方にはにわかに信じがたい話かもしれないが、私設水道の規模によっては、このような状態にある水道設備も、「上水道普及率」の数値に含まれ、既製の水道設備として追認されている。

これは排水においても同様で、基本的に公共の下水道が配備されていない地域は、限界分譲地に限らず個別の合併浄化槽を使用して生活排水を処理するが、これも住宅団地によっては「集中浄化槽」と呼ばれる専用の私設下水道設備を使うところもある。そして、その集中浄化槽が抱える問題もまた、上水道と同じである。

もちろん、そのあまりの不経済・不合理さに、そういった私設の上下水道設備を放棄し、各家庭の個別井戸・個別浄化槽へと切り替えた分譲地も存在する。あるいは、最初から私設上下水道設備は使用されないままの分譲地もある。

しかし、既にあるインフラ設備を放棄し、各戸がそれぞれ自前で上下水道設備を新たに用意するとしても、世帯によってそれぞれの経済的な事情もあるだろう。合意を形成するのは容易な話ではない。

問題を先送りにしていると言っては言い過ぎかもしれないが、他に解決策もないまま、今ある設備を使える間は利用する、という状態が続いている。

朽ち果てた共用設備

分譲住宅地というものは、規模の差こそあれ、各個人の私有地のみで構成されているわけではない。どんな小規模の分譲地でも道路はあるし、側溝や街灯といった生活に必要不可欠なものから、公園や集会所など、地域コミュニティのための施設もある。

行政も一役買って開発された、その街を代表するような大型の住宅団地であれば、道路は公道に認定され、公園なども公有地として自治体が管理しているのが普通だが、有象無象の民間事業者が好き勝手に開発したような分譲地は、道路はもちろん、側溝までもが区画所有者の私有地に含まれているケースが多い。

私道であれば、もちろんそこに立てられた街灯も、分譲地の所有者の私物という扱いになるし（街灯は公道上のものでも地元の自治会が管理しているものも多いが）、公園までもが区画所有者の共有名義になっていたり、あるいはその分譲地の開発を行った開発業者の名義のままになっていたりする。私道も開発業者の名義のままであるケースも珍しくない。

そうした「私有地」は、当然ではあるが公道や公共用地のように、行政による補修や維持管理の手が入らず、基本的に住民・所有者自身が自力で管理を続けなくてはならない。しかし、事業として宅地造成を行っていた業者であればまだしも、単に自己使用のためにそこに居宅を構えているだけの一般市民が、自腹を切って道路や公園の維持や修復を行うというのは並大抵の話ではない。ましてや、区画の多くが今なお空き地で、大半の地権者が現地に姿も見せないような限界分譲地では、わずかな住民だけでその費用をすべて捻出することなど土台無理な話である。

行政による支援も入らず、当時開発を行った業者も廃業し、今は影も形もない。規模の小さな限界分譲地では自治会も形成されず、登記上は共有名義となっていても、共有者の意見が取りまとめられる機会も訪れない。今、そうした限界分譲地の共有設備が直面している事態は、著しい経年劣化と部分的な放棄である。

子供の姿もなくなった公園の遊具は錆び、草刈りも行われない。道路のアスファルト舗装はひび割れ、轍(わだち)でひどく歪んでも修復されずそのまま、側溝も土砂で埋もれ、一部は崩落している。ひどい所では、道路そのものが藪(やぶ)に埋もれ始めても、その道路の先に住民がいない限りはそのままで、部分的に雑木林に還り始めている。大げさに語っているわけでは決してなく、これが限界分譲地の実情である。そして多くの空き地の不在地主は、いまだ自らの所有する分譲地が直面しているこの現実を知らず、今なお実勢相場からかけ離れた売値を付け、いつ現れるとも知れない買い手を待ち続けている。

限界分譲地の公園は開発業者や住民の名義になっているところが多く、放置されているものもある。

どんな市場が形成されているか

千葉の限界分譲地の価格相場を一言で説明するのは難しい。中古住宅は、価格こそ都市部には及ばないとはいえ、その市場や価格相場は都市部と同じく需給に基づいて形成されているが、更地（空き区画）の市場は完全に破綻している。

基本的には自家用車がなければ生活が著しく不便になる立地条件なので、利便性はどこも大差はないと言っても過言ではない。しかし、一般的な住宅地において価格を左右する条件である日照の良し悪しや道路の方角、土地の広さや形状、あるいは前面道路が私道か公道か、といった不動産の査定基準が必ずしも反映されていない。

例えば、誰が見ても残り物としか言えないような、家屋の狭間に残った日当たりの悪い土地が、南向きの開放的な土地よりも価格が高い、といった逆転現象は珍しくない。

当然、条件の悪い土地はなかなか買い手がつかず売れ残ってしまうわけだが、その理由は、地権者の多くが現実的な相場観を持っておらず、市場価格に大きな歪みが生じてしまっているためだ。

70年代以降に分譲販売された住宅地は、単に一般のユーザーが住宅用地として購入するほかに、財産形成や投機の手段として購入される状態が続いていた。限界分譲地に今なお数多く残る更地の区画は、その当時投機目的で購入した方々が、今なお手放す先もなく所有し続けているものである。

しかし、開発当時の分譲価格と比較すると、半世紀前とは物価水準が大きく違うにもかかわらず、実勢相場は額面だけでも10分の1以下にまで暴落しているのが通例である。かつて大金を投じて購入した土地が、今やお荷物にしかならず、値段もほとんどつかないという現実を直視したくない、という心理もあるとは思うが、当時の購入者に、今の実勢相場を知る機会がほとんどないという要因が大きいと思われる。

購入者の目的は、実需としての住宅用地ではなく、あくまで財産形成の手段としての、いわば「投資」であったために、その多くは東京や神奈川などの都市部在住者だった。もちろん中には、実際にその土地に家を建てて暮らし始めた住民もいたが、そういった住民と不在地主の間には特に深い交流がないのが普通で、中には、購入後、あるいは購入前からその土地に一度も足を運んだことがない、という地権者も存在する。

売却の手段すらわからない

そのまま数十年が経過し、今になって売却を試みようにも、その手段すらわからない、という方は少なくない。世代的にもインターネットに縁の薄い方も多く、購入した本人ならまだしも、相続した家族や親族に至っては、関心がないどころか、相続する時点までその所有不動産の存在すら知らなかった、という方もいるほどだ。

まったく必要ない土地を相続し、固定資産税も負担する羽目になり、もう手放したいのに手放せない。こんな思いをさらに自分の子供にさせるくらいなら、多少費用が掛かってもいいから手放したいと、金銭的な損得より、気持ちの上で区切りをつけたいと考える所有者もいる。

実際僕も、ブログで分譲地の情報発信を行っている過程で、今暮らしている横芝光町の分譲地を相続してしまった方から、司法書士の費用は出すから土地をもらってくれないか、と頼まれたことがある。僕自身もその土地については、自宅から少し離れていて具体的な使い道が浮かばなかったのでお断りしたのだが、遠方に住んでいて仕方なく相続した方にしてみればなおさらだろう。

一方で、購入当時の価格の記憶がある方の中には、最低でもこのくらいの価格になれば、との淡い期待を拭うことができない方ももちろんいる。あるいは、別にいまさらその土地を高値で売却する期待を持っているわけでもなく、本人にとっては損切りのつもりであったとしても、都市部在住者の基準で考える「安値」よりも、実勢相場はさらに1桁下回っていたりする。

また、これはのちの章で詳述するが、千葉の限界分譲地は、その市場の特殊性から、たとえ売却の見込みが全くないような非現実的な売り出し価格でも、それが是正されずそのまま広告が出し続けられてしまうという事情がある。

こんな市場では、統一された土地の査定基準など醸成されようもない。売値を左右するものは、何よりも土地所有者＝売主の意向であり、売主が手放したいと思えば、その土地の使いやすさや条件などお構いなしにいくらでも価格が下がるし、逆に相場観がない、あるいは安値で売る意思もない売主の土地は、いつまで経っても価格が下がらず、売れることもない。そしてその間に、もはや売却する手間も放棄した荒れ地が静かに増殖しているという状況である。

投機型分譲地が「限界分譲地」に

千葉県北東部の農村部において、1970年代の初頭から開発された分譲地の多くは、広告では、都心通勤者のためのベッドタウンとしての住宅用地と謳（うた）われていた。そこに記載されていた都内の主要駅までの所要時間は、今日の不動産広告の厳しい基準と比較するとかなり甘めの見積もりで、中には、どう考えても不可能な、虚偽の所要時間を記載する不誠実な会社もあった。

しかし、当時は都心部の住宅事情が今よりもずっと劣悪だった時代である。公害もひどく、今日のような良質な集合住宅もまだほとんどない。宅地分譲と言えば、さすがに成田の山奥とまではいかないまでも、多少都心部から離れていようとも緑豊かな郊外が喜ばれた時代だったことも事実である。それもあって、現実には通勤はなかなか困難であろうと思われるような遠郊外部の分譲地でも、今ほど奇異なものとして捉えられなかったところはあったのかもしれない。

ところが実際には、利便性が著しく低く、価格の安さばかり大きくアピールしていたような分譲地は、自分では暮らす気のない、投機目的の購入者が大半を占めていたのが実情であった。

もちろん、分譲当初から自己使用のために購入し、家屋を建築した住民もいないわけではなかったが、全体として極めて少数派であり、大半の区画が空き地のまま放置されていた。1976年に分譲された香取郡下総町(現・成田市)のある住宅団地は、その8年後に撮影された航空写真を見ても、総区画数200区画のうち、建物はわずかに10戸ほどしか見られない。

分譲地によって多少差はあるものの、最初から建売販売が行われた分譲地を除き、80年代半ばころまでに開発された成田空港周辺の住宅分譲地で、区画のすべてに家屋が建築されたところなどほぼ皆無なのではないだろうか。駅や商業施設にも近い条件の良い住宅地を除き、どこも建物の間の所々に空き地が残されたままの光景が日常のものとなっている。

そんな、ほとんど利用もされていなかった投機型の分譲地が、にわかに活況を呈し始めたかに見えた時期が、１９８０年代後半からの、いわゆる「バブル景気」の時代である。バブル時代の投機は公共事業やリゾートなどの大型開発に顕著であり、個人向けの宅地分譲は、70年代ほど大量に開発されることはなかったものの、地価の高騰はすさまじく、都内は言うに及ばず、千葉県においては、県都である千葉市をはじめとした県内の主要都市もまた、平均的なサラリーマンではおいそれと手が出ない価格帯に到達してしまった。

2010年に撮影された、千葉県成田市郊外の限界ニュータウンの上空写真。開発から40年が経過してもまだ空き地が多く残る。（国土地理院地図・空中写真閲覧サービスより引用）

バブル期に脚光を浴びた千葉県八街市、東金市

その際に、廉価な住宅地として脚光を浴びたのが、八街市、東金(とうがね)市などをはじめとした、千葉県の遠郊外部の住宅地である。70年代に数多く開発・分譲されたものの、その後利用されることもなく塩漬けの状態にあった宅地に、次々と新築家屋が建てられるようになっていった。都内へ通勤するには大変でも、例えば勤務先が千葉市周辺であれば、自家用車で通勤するのは十分可能なエリアである。

新たに開発された宅地ではなく、すでに工事は完了していた既存の分譲地なので、利便性を問わなければすぐに利用することができたし、その時点で膨大な数のストックが残されていた。個人が購入して新築住宅を建築するほか、地元業者による建売住宅の建築用地としても使われ、ほとんど空き地ばかりの分譲地の中に、1ブロックだけ同じような外観の家屋が立ち並ぶ光景も見られた。

これが千葉県北東部の限界分譲地において、開発時期が70年代であるにもかかわらず、80年代末以降に建築された家屋ばかりが見られる理由である。少なくない分譲地は、開発から10年以上のタイムラグを経て、バブル期の地価高騰時になってようやくまともな実需

が発生したのだ。

だが、それでもすべての区画が再利用されることはなかった。地価高騰の受け皿としてある程度は機能したものの、新たなニュータウンとしての活路が見いだされたところはほとんど存在しなかった。これらの投機型分譲地は、利便性は当時も今も変わらず極めて悪い立地ばかりである。むしろ当時の方が、バス便が多少は今よりも多かったかもしれないが、ネット通販などもなく、情報や娯楽も限られていた分、より生活は厳しかったのではないだろうか。

言葉は悪いが、その家屋の並びはまさに虫食い(スプロール化現象)そのもので、それはバブル崩壊後もしばらく続いたが、やがて地価の下落が始まると、そうした「ベッドタウン」としての需要は急速に失われていく。

いくら地価が安くても、やはり通勤も日常生活も不便すぎるし、成長した子供世代も、進学、あるいは就職を機会に地域を離れなければ、選択肢が極めて限られてしまうのだ。この点については、一般的な地方や農村部における若年層の流出事情と同様である。

バブル崩壊後、競売が激増

一方、バブル景気時に急速に人口が流入した八街市、山武町（現・山武市）などでは別の深刻な事態が発生した。もともと農業主体の小都市だった両市は、バブル期の住宅建築ラッシュにより人口が激増し、学校では新学期になると、壇上に多数の転校生が並んで紹介される、という状態だったのだが、そもそも高金利のバブル時代に、利便性の厳しい投機型分譲地で自宅を建築した人の中には、予算に余裕のない住民も少なくなかったようである。

2010年、八街市と山武市は、それぞれ競売物件の数が全国1位、2位という不名誉なランキングに名を連ねてしまう。翌2011年は、八街近隣の市町村である東金市や大網白里町（おおあみしらさと）（現・大網白里市）でも競売物件の増加が顕著に見られた。いずれも、バブル期に住宅建築が著しく進められた千葉県の遠郊外部である。

もちろん、そのすべてが投機型分譲地に建てられた住宅というわけではないが、千葉の遠郊外部における、住宅ローン返済の焦げ付きによる競売物件の増加は当時にわかに注目され、その研究を行った大学論文や新聞記事も残されている。

「小中学校の同級生が突然来なくなった」

この時代、八街市内の小中学校に通っていたある地元在住者は、毎年転校生が続々とやってきて、友達が増えて楽しかったが、その一方で、ある日突然学校に来なくなり姿を消した同級生も何人もいて、先生に事情を聞いても教えてもらえなかったと、その当時の模様を振り返っている。

ごく短期間の間に児童数が激増し、教室が足りず体育館での授業を強いられる学級が発生してしまい、ついに小学校の新設まで迫られた旧山武市においても、競売物件の増加に加え、1998年には第三セクターが手がけた建売販売住宅に重大な欠陥が続出し住民訴訟が行われるなど、バブル崩壊後、あまりに粗雑すぎた宅地分譲の膿(うみ)が噴出していった。

1970年代に開発された投機型分譲地のうち、利用率の低いところはバブル期の頃から既に藪に埋もれ、不法投棄ごみも目立つようになっていた。そうした分譲地に建てられた家屋が、今度は人手に渡り、あるいは所有者が満足できる価格で売却できないために放置され、分譲地の荒廃がさらに進んでいく。かつての投機型分譲地は、「限界分譲地」へと化していった。

新築時には当時の価格で3000万円をゆうに越していたはずの家屋が、築30年も満たないうちに、2000万〜3000万円程度の価格で市場に放出されていく。一方、売家としても出ない空き家が増加し、その狭間に残された空き地・空き区画はますます荒廃していく。僕が千葉県の遠郊外部で家を探し始めたのは、ちょうどその頃だった。

そのころ「空き家」と言えば、まだ地方都市の古い街並みや農村に残る築古の家屋というイメージが一般的だったと思う。ところが千葉の限界分譲地で見かける空き家と言えば、外壁は窯業系サイディング、窓も少し前に流行した出窓を多用し、色合いも鮮やかな、一般的な中古住宅と変わらないものだった。

千葉県の限界分譲地に放置されている空き家。外壁材はサイディングで、1980年代末頃の建物だ。

そんな空き家のすぐ真横で売られている「売家」が、なぜか空き家とスペックは何も変わらない。確かに築年の割に市場価格は安いのかもしれないが、売家として出せる市場があるのに、なぜ放置されるのか。

へき地の山村集落の空き家のように、引き取り手すら見つけるのに苦労するような代物でもないのに、空き家はそのまま放置され、腐朽していく。そしてその狭間というか、周辺に大量にある空き地はいったい何なのか。その疑問が、僕が限界分譲地について掘り下げて調べていくきっかけだった。

今思えば、そのころからすでに変化は始まっていたのかもしれないが、少なくとも僕がブログを立ち上げた2017年の時点では、今後の空き家の増加は不可避なものに思われた。その後、世界的なコロナ禍となり、限界分譲地も含めた不動産市場は大きく変貌していくことになるのだが、その時点では、限界分譲地の多くが、活況とは無縁であったことは事実である。

住民には3つのパターンがある

現在、かつての投機型分譲地の住民は、分譲当初に自宅を新築して今も暮らしている方を除くと、大きく3つに分けることができる。

まず1つ目は、地元出身者の住み替え世帯。限界分譲地の多くは、新築用地としての需要は満たしていないが、一方で地域社会にとって、安価な中古住宅の供給元でもある。新築にこだわらない方、予算が限られている方などにとっては、利便性が悪くてもその価格や賃料は大きな魅力となる。

もともと地元で生まれ育った方であれば、その利便性の悪さなど十分承知のうえというか、むしろ生まれ育った地域の利便性も限界分譲地と大差ない場合もあり、抵抗なく受け入れられるはずだ。

2つ目が、僕もそのうちの一人だが、よそから移住してきた世帯。そして3つ目が別荘利用者である。「限界分譲地」というカテゴリーがあくまで主観的なもので、分譲地のみに特化した統計もないため、正確なことは言えないのだが、感覚としては、地元の方の住み替えが一番多いのではないかと思うし、地元業者もそのように語る。

しかしそれよりも近年になって顕著なのは、バブル期に建てられた中古住宅が、投資物件として購入され、貸家として供給されるケースが増大していることである。この市場の変化は地元の不動産業者にとっても周知の話で、現在僕が住む横芝光町にも、町全体で公示地価が下落し続けているような市場であるにもかかわらず「空き家買い取り」を謳う不動産会社が新規に開業している。

前述の通り、僕が千葉県の限界分譲地を歩き始めたころは、不動産サイトには常に200万〜300万円程度の中古住宅が掲載され、更地価格が坪1万円を割っているような分譲地では、空き家が1戸もない所の方が珍しいくらいだった。

しかし、今は80年代末以降の中古住宅が、そんな価格で広告が出され続けるようなことはまずない。仮に出たとしても、数日もすれば申し込みが入って広告が消えてしまうのが常であり、今となっては、わざわざ最初からそんな安めの価格で売り出す理由もなくなっている。格安物件の広告が消えてしばらくすると、今度は同じその物件が貸家として再度広告が出される光景は、もう何度見たかもわからない。

格安の売り家を探す問い合わせが殺到

地元の不動産会社には、投資家と思われる方からの、格安の売り家はないかとの問い合わせが絶えなくなった。しかし、不動産会社にしてみても、賃貸物件に回して収益を上げられるような良質な出物であれば、売却で仲介手数料を得るより(物件価格が安いので高額の仲介手数料は望めない)、自らオーナーとなって貸家経営をしたいのが本音であって、投資物件として手ごろな価格帯の物件は極めて出にくくなっている。

空き家が放置され、荒廃するぐらいであれば、貸家として再利用される方がずっと地域にとって好循環であることに疑いはない。しかし限界分譲地においては、中古住宅が投資物件として盛んに取引される一方で、更地の市場価格は今なお低迷したままである。

一部の分譲地では、その地価の安さを見込んで新築家屋が増加しているところもあるにはあるのだが、それは区画面積や分譲地内の道路が現代でも遜色(そんしょく)ないスペックを満たしている比較的新しい住宅地のみで、70年代に造られた、道路も区画も狭い分譲地はその動きも見られない。

また、決して高規格ではなかったにせよ、まがりなりにも数千万円の価格で建築されたかつてのファミリー用住宅が次々と賃貸市場に投入されていく中で、もともと地域に存在していた築年の古い貸家やアパートが市場の隅に追いやられていく結果となり、いくら募集をかけても入居者を決められない物件も出始めている。

不動産というものは、建物を維持するコストやリフォーム費用は、地価に関係なく都会も田舎も変わらないわけで、いくら利便性の低い田舎でも、賃料の値下げには限界がある。特にワンルームアパートは事態が深刻で、空室があるにもかかわらず、リフォーム費用が見込めないために新規の入居者の募集を停止しているところもある。

アパートの過剰供給は都心近郊部でも見られる現象だが、現在の千葉県北東部では、総じて地価が下落傾向の中、中古住宅は全体として価格相場が上がり賃貸経営が盛んになるという倒錯した状況にあり、先行きに全く不安がないとは言えない。

投資物件としての需要が高まる前、一時期は限界分譲地を含めた千葉県北東部の遊休地が太陽光パネルの設置場としてにわかに活用されたことがある。最近ではその動きも沈静化してきたものの、結局のところ70年代から現在に至るまで、千葉県北東部は、その地価の安さと都心部への直線距離の近さから、常に投機・投資の練習場として利用されている状態は変わっていないのではないだろうか。

へき地のインフラ整備より、荒廃地の拡大阻止を

僕自身も、千葉県横芝光町の農村部の片隅に位置する、わずか7戸しか家屋のない「限界分譲地」で暮らしている。そんな生活を自ら選択しておきながら、一方でそのような限界分譲地の利用について警鐘を鳴らすのは矛盾した話であるかもしれないが、そんな僕の目から見ても、限界分譲地の区画所有者各々の自由意思に、今後の利用方法のすべてを委ねたまま場当たり的に利用を続けていって、事態が好転するとも思えないのが本音である。

空き家や中古住宅の取引は活発なのかもしれないが、新築希望者の需要を決定的に満たしていない更地の取引は今なお低調なままで、それを積極的に扱いたがる業者も限られている。

自分が所有する土地に深い関心を払うこともないまま放置、あるいは漫然と所有し続ける不在地主が大半であり、管理もされず放置され、かつての造成地は雑木林と化していく。かといって、そのまま元の自然に還っていくというわけでもなく、荒廃地の中に、今なお利用が続けられる区画が虫食い状に点在し、何かの気まぐれでそんな雑木林が突然資材置き場に変貌したり、時には不法投棄のターゲットになることもある。

限界分譲地のような、あえて家屋の密度の低い土地で暮らす選択肢もあることは、もちろん僕にもわかる。しかし、もはや人口減が避けられなくなった現代日本において、ただそれだけでへき地の分譲地のすべてがすべて良好に活用されるとは考えられない。

また、現在の僕のように、特に健康上の深刻な不安を抱えているわけでもなく、自家用車の運転にも支障のないくらいの年齢であれば問題はないかもしれないが、そうではない高齢者も多くなっている現状、わずか数戸しかない分譲地まで、分け隔てなく生活インフラや医療をカバーすることが、賢明な都市政策であるとも思えない。

先の展開を正確に見据えた不動産開発というものはなかなか難しいのはこれまでに述べてきたとおりだが、数十年もの間、行政がほとんど介在することがなく、ただ民間に任せるがままに開発が進められた結末が今の「スプロール化」の状況なのだから、今後もそのまま放置するならば、このスプロール的利用がいずれ解消されると期待するのはあまりに安易な憶測と言わざるを得ない。

むしろ、現在は都市部から遠く離れた限界分譲地だけで起きているような「虫食い」的な土地利用が、今後はより都市部に近接した「郊外住宅地」にまで侵食していかない保証はない。求められているのはへき地のインフラ整備ではなく、荒廃地の拡大の阻止であると考えている。

Column

限界分譲地のリアルライフ

この地に居を構えたのは単なる成り行き

僕の現在の職業は、便宜上文筆業を自称しているものの、収入の割合で言えば運営しているＹｏｕＴｕｂｅ動画の広告収益のほうがずっと大きく、厳密に分類すれば「広告業」となる。ＹｏｕＴｕｂｅの収益のほか、印税、メディアへの寄稿記事の原稿料、たまに依頼が来る講演の報酬などで生計を立てている状態だ。単純に収入面の向上だけ考えるのであれば、おそらくＹｏｕＴｕｂｅ動画の制作に注力するのが一番効率的だとは思うが、あくまで再生数のみに応じて収益が決まるＹｏｕＴｕｂｅは、作る動画によって再生数に大きなばらつきがあり、どうしても収入が不安定になる。

いくらＹｏｕＴｕｂｅの世界が激戦区とはいえ、僕の作る動画は最初から視る者を選ぶ内容であり、あまり他の配信者と競合するようなものではないとは思うが、その代わり爆発的に人気が出るようなコンテンツでもないし、所詮は属人性の強い人気商売でいつ凋落（ちょうらく）してもおかしくないので、たとえ収入が下がるとしても、基本的には原稿や講演の仕事を優先している。こんな言い方をしては何だが、僕は自分の生計が立てられれば、動画でも文章でも講演でも何でもよいのであって、その中で文章を書くのが一番自分に向いているから文筆業を自称しているに過ぎない。その程度の職業意識なので、自ら肩書を付けて名乗ることもしないようにしている。

しかし、優先する仕事がどれであろうと、基本的に自宅で仕事をしているフリーランスという立場になるので、おそらく交通不便なへき地の分譲地に住むのであれば、これが最も適した仕事だとは思う。依頼主のメディアの担当者との連絡や打ち合わせもすべてオンラインで済ませているので、講演以外で都心まで出向く必要もなく、取材さえ怠らなければ仕事は自宅で完結させることができる。

けれども、僕はこうした在宅仕事のスタイルに合わせて限界分譲地に居を構えたのでは決してなく、現在の生活は単なる成り行きにすぎない。僕は2017年の初頭に、妻との入籍を機会に東京から千葉県の八街市に移り住んだのだが（その後、芝山町を経て横芝光町へ転出）、その最大の理由は賃料の安さと、大型免許を取得し、成田空港の周辺で、大型車の運転の仕事に従事するためだった。空港周辺では恒常的に運送業の人材を募集しており、なおかつ賃料や中古物件の価格も安いので、そこで大型の免許を持っていれば、生活に行き詰まることはないのではと考え、大型二種免許の取得支援を行っている成田市内の路線バス会社に運転手として就職したのだ。そのバス会社の営業所の所在地や勤務体系は、公共交通機関でまともに通勤できるようなものではなく、運転手、事務員ともにほぼ全員が自家用車で通勤していた。

自家用車は不可欠

僕が住んでいるような限界分譲地の住民は、通勤も含めた日常生活における移動のほぼすべてを自家用車で済ませているのが一般的である。元々最初から自家用車の利用を想定した分譲地であるし、今日の公共交通網の貧弱さでは、勢いそうならざるを得ないとも言える。車を持たない都市部在住の分譲地の所有者が、今となっては自分の所有地にまともに足を運ぶ機会すらないのは、年齢のほかにこの貧弱な交通事情にもよると思う。

町内の商業施設に買い物に行く程度であれば、本数の少ないバスの運行時間に合わせて移動することは可能だとは思うが（実際にそうしている高齢者もいる）、勤務先が鉄道駅から離れた場所に立地しているのでは、へき地の分譲地でなくても自家用車を選択せざるを得ない。車を持たずに生活するのが一番経済的であろうことは、日々の燃料費やその他諸々の維持費・税金で痛感しているのだが、すでに通勤のために自家用車を確保している以上、それを置いて公共交通機関を利用するよりは、その車で移動したほうが効率的なのだ。

横芝光町内にかつて存在した民間のバス路線の停留所。本数は1日10本で、利用者数の低迷のため2021年9月末日付で廃止となり、同町における民間のバス路線はなくなった。

　我が家も現在2台の自動車を保有している。今の生活習慣を考えれば、1台だけで間に合わなくもないのだが、取材時に使うMTの四輪駆動車（別荘地は悪路が多い）と、AT限定免許の妻も使用する軽貨物のAT車の2台を使い分けている。すでに退職しているとはいえ僕もタクシーやバスの運転手としての経験があるので、公共交通網が衰退していくことの危機感も一応はある。しかし日々の生活や仕事を考えると、やはり自家用車のほうが圧倒的に楽であり、時間の節約にもなるので、結局は「バスに乗る」という行為そのものを目的としない限り、日常生活で公共交通機関を使うことはほとんどないのが実情だ。唯一、飛行機が好きな妻と成田空港へ遊びに行く際は、空港の有料駐車場に駐車するより安上がりに済ませられる空港行きの路線バスを利用している。

車で10分の国道沿いのモールでほとんど事足りる

自宅の近所には商業施設が少ないので、Ａｍａｚｏｎなどのネット通販に頼る機会も多いが、買い物に行く際は可能な限り複数の用事をまとめて済ませるようにしている。既存の商店街が衰退した現在の地方都市はどこも同じ状況だと思うが、僕の住む千葉県横芝光町にも、市街地の国道沿いに、スーパーマーケットやドラッグストア、１００円ショップやホームセンター、コインランドリーが一体となっている小規模なモールがあり、大体いつもそこで一通り日常の用事を済ませてしまう。飲料など、まとめ買いを行う際は、少し足を延ばして近隣自治体のディスカウントショップに行くこともある。小規模なドラッグストアやスーパー、コンビニであれば近所にもあるので、簡単な買い物であれば近所で済ませることも多い。

モールまでは車で10分強程度の距離なので、車がある限りは、そこまで無理に買い溜めをしなければならないほどの極端なへき地に住んでいるわけではないのだが、近年は燃料も高騰しているし、毎日買い物に出かけるのも億劫(おっくう)なので、いつもある程度はまとめて買っている。そうなるとますます、すべて手荷物として運ばなくてはならない公共交通機関よりも自家用車での買い出しに分があるわけで、こうして改めて振り返ると、今の生活は本当に車ありきの前提で成り立っているものなのだと痛感する。

コンビニでは野菜が山積みになって売られている

ところで話は少しそれるが、現在の地方都市では旧来の商店街や個人商店は衰退の一途をたどっており、地元住民は大手のチェーン系列店やフランチャイズ店で日用品を購入するのが一般的になっている。しかし、店舗自体は東京に本社のある大手資本の系列だとしても、そこで働く従業員は地元の住民であるし、買い物客も地元住民なので、一歩踏み入れれば田舎町の流儀に支配されているケースもある。それがもっとも顕著なのはコンビニエンスストアで、これはもう従前の個人商店がそのままコンビニに置き換わっただけと言っていいようなお店がある。

僕の前著は地元のコンビニエンスストアでアルバイトをしながら執筆していたものだが、店に来るお客さんはいつも同じ顔ぶれで、しばらく働いているうちに、どのお客がどのタバコを買うか、どのお客がレジ袋を必要としているかまで記憶してしまった。地域で長く営業を続けるオーナーは、そんな馴染みのお客さんに対して敬語すら使っておらず、よく雑談に興じていた。周辺にスーパーマーケットが少ないコンビニでは、店の外まで所狭しと野菜が積まれて販売されているのはもはや普通の光景であるし、外観は無機質に見える大手フランチャイズであっても、個人商店の流儀がそのまま生きているコンビニは、商品価格や品ぞろえだけでは判断できない役割をも果たしているように思える。

田舎暮らしは節約に向いていない

話を戻すとして、前述のように僕の移住の動機は一番に経済的な事情であって、それ以外に、例えば田舎で起業したいとか、そんな明確な目的意識を持って千葉県に移住してきたわけではなかった。妻と知り合った時はたまたま都内に住んでいたというだけのことで、これまでの人生の中では、僕は田舎町で過ごした時間のほうが圧倒的に長い。都会と田舎、どちらが好きかと聞かれればもちろん田舎とは答えるが、それは憧れがあったというよりは、自分にとっては田舎の方に馴染みがあるからにすぎず、年齢的にも今さら田舎で何か新しいことに挑戦する気にもなれなかった。むしろ、大げさな言い方になるが、僕は入籍を機会に、自分の人生の整理を始めるつもりで千葉県にやってきたのである。

田舎暮らしに関する情報を見ていると、例えば「スローライフ」といったような一面的なイメージの文言を見かけることがある。だが、僕は田舎での暮らしがのんびりできるものだとは思わないし、率直に言って田舎暮らしは節約にも向いていないと思う（できないわけではないが）。近年、無駄な持ち物を持たない「ミニマリスト」という暮らし方が時折メディアに登場するが、あれこそ田舎暮らしの対極に位置するものという気がする。都会ほどサービスが充実していない田舎では、どうしても自分でこなさなければならない用事が増えるので、そのために必要な道具（例えば草刈りの鎌など）は増えていく一方である。買い置きをしたり道具をそろえるのであれば、当然その保管スペースも必要になってくる。

娯楽に関しては、もちろん都会のような娯楽施設はないので、そういったところに出向いて余暇を過ごすことはない。せいぜい、たまに妻と成田市や千葉市などの大型商業施設に出かける程度であろうか。僕自身は昔から都会でなければできないような趣味を持ったことがなく、都会でやることと言えば古本を買って回る程度だったので、あまり自分の嗜好を一般化して語れるものではないとは思うが、特に退屈で不満に感じることはない。

日々流れる時間は平々凡々

日常生活にせよ娯楽にせよ、こうして普段の自分の生活を改めて文字に起こしてみると、自分で読み直しても、今の限界分譲地での生活は、都会の生活と比較してどこにメリットがあるのかわからなくなってくるが、それでも僕自身にはもう都会に戻る意思はない。高齢となって自家用車の運転が困難になったとしても、（それが可能であるならば）居住地として選ぶのは、せいぜい人口数万人クラスの小都市ではないだろうか。このあたりの感覚は、たぶん都会志向の方と話しても平行線のままなので、僕は普段、ブログでも動画でも、積極的に移住を勧めることはない。

僕が自分のブログや動画で発信しているのは、その大半がデメリットやリスクを中心に語るコンテンツなので、そもそも僕の発信物を見て移住の欲求が湧く方もまずいないとは思うが、おそらく田舎を居住先として選ぶ人は、僕が改めてどうこう言うまでもなく、また大仰な自己実現の目標を立てることもなく、自分の中ではごく当たり前の選択肢として田舎町を選択するのではないかと考えている。今の僕は確かに、いわゆる「ユーチューバー」という部類に属する者なのかもしれないが、仕事として取材や動画編集を行うこと以外に、何か特筆できるような風変りな生活を送っているという自覚もない。生きていてつまらないわけではないが、そんな刺激的なイベントが頻繁にあるわけでもなく、日々流れる時間はきわめて平凡なものである。

第２章

限界ニュータウンはこうして売られた

大半は「投機用」として分譲された

僕が高度成長期以降の千葉県北東部に開発された限界分譲地の資料を探す際、もっとも多用しているのが、図書館に所蔵されている新聞の縮刷版である。曜日や時期によって若干の差はあるが、１９７０年頃以降の新聞紙面には多くの不動産広告（次ページ）が掲載されている。

その多くは都心周辺の分譲マンションや、大手デベロッパーや私鉄系の不動産会社などが開発した、今日でも都心部通勤者のベッドタウンとして機能している駅徒歩圏の比較的立地の良い大型分譲地のものである。それらの広告の中に、名目上は住宅地・別荘地ではあるものの、そのアピール内容から、実際には居住用ではなく、投機用として売り出されたであろう分譲地の広告が散見される。その所在地を改めて調べてみて現況を確認しない限り、一見すると他の一般の住宅分譲地の広告と変わらないように見えるものも少なくない。

今ほど多様な宣伝媒体がまだなかった当時、不動産広告はこうした新聞や雑誌、あるいは折込チラシなどで出されるものが多く、それは都心部であろうと、へき地の分譲地であろうと変わらなかった。なお、次ページの不動産広告に分譲会社として記されている五宝

投機的に売買された千葉県多古町の分譲地の広告。成田空港の開港に合わせ、買い手を煽る文句が並ぶ。(1971年7月31日付読売新聞)

不動産株式会社はその後倒産した可能性が高く、現存する同名企業とは異なる会社だと思われる。

宅地開発や分譲、あるいは別荘地の開発分譲などは戦前から行われていたが、宅地開発が急速に拡大するのは1960年代以降である。戦後のベビーブーム、産業構造の変化に伴う都市部への人口流入、また戦禍によって焦土と化した都市部の市街地の復興に伴う需要増など、新規の宅地開発が加速した要因はいくつも挙げられるが、いずれにせよ結果として発生したのは、都市部における深刻な住宅不足であった。

もちろん国や自治体・行政も、そんな住宅難に手をこまねいて見ていたわけではない。例えば東京都の多摩ニュータウンや神奈川県の港北ニュータウンなど、官民合同による大型の住宅団地の開発も盛んに進められていたのだが、都市部への人口流入はそれをはるかに上回るペースで続いており、深刻な土地不足・住宅不足に陥っていくことになる。

需要が高まる一方、供給が限られているとなれば、市場の原理として当然価格も上がる。戦禍の爪痕が消え、復興がさらに進むにつれて、開発用地は争奪戦の様相を呈していくことになる。潤沢な資金を持つ大手デベロッパーは、条件の良いまとまった土地を仕入れ、そうではない中小以下のデベロッパーは、それなりの価格の、それなりの条件の土地を仕入れていく。

エンドユーザーには、そうしたデベロッパーが開発した高額の分譲地を購入し、当時は借入の要件が厳しかったローンに自己資金を組み合わせて、人生を懸けた買い物として住宅を取得する以外の選択肢がなくなっていった。

その分譲地にしても、条件の良いものは抽選が行われるほどの盛況ぶりで、予算に合うからといって必ずしも確実に購入できたわけでもないのである。高度成長期に向け、土地の取得熱は過熱する一方であった。

現地見学会は活況、購入申込者の行列も

しかし、資産形成を夢見る庶民層にとって、年を追うごとに上昇し続ける不動産価格は、

住宅取得のうえでは悩ましい問題である反面、投資の対象としてこれ以上ないほど堅実なものでもあった。

今日でも、人気の商品や限定商品などを販売開始と同時に買い占め、そのまま高値で売却する「転売屋」の問題がしばしば取りざたされるが、その是非はさておき、見方を変えればそうした転売行為も一種の「投機」ともいえる。当時の不動産売買の現場においても、値上がり後における高値の売却を見込んだ、投機・転売目的の購入者が現れるのは必然であった。

新聞の不動産広告は、1970年頃になると、目に見えるほど顕著に増加していく。数週にわたって掲載されている広告もあるにはあるのだが、多くの広告は、1度、2度きりの掲載で、次々と新規の分譲地の広告が登場している。

ほとんどの場合、数日間の日程で「現地見学会」の日時が設定されており、たとえ分譲地が千葉の山奥であろうとも、集合場所は東京都内や神奈川県内の主要駅で、専用のバスを手配し、参加費はもちろん無料、昼食まで提供されるというもてなしぶりである。そんな見学会の案内には必ず、申込金の持参を促す記述があり、参加者は見学終了後、列をなして購入の申し込みを行っていた。

宅地分譲は今の時代でも行われているが、規模にもよるとはいえ、現在の宅地分譲は通常、造成された宅地に販売業者が立てたのぼりや看板が並び、時には建売住宅をモデルハウスとして、都度見学会を開催しながら完売まで営業活動を続ける、という販売手法が一般的だと思う。しかし、この時代はそんなレベルではなく、条件が良ければ瞬く間に完売していた。

よほど悪条件か、あるいは固有の事情でもない限り売れ残りなどまず考えられないほどの盛況ぶりで、だからこそ同じ分譲地の広告が長期間にわたって掲載されることなどなかったのだ。当時の不動産広告は、その更新頻度の高さもさることながら、広告に躍るキャッチコピーからも、土地ブームの熱気というものが伝わってくる。

そうした広告の中に、時折「先取り」のキャッチコピーが見られることがある。自己使用のための住宅用地の販売にはそぐわない表現だ。こうした分譲地は、おそらく販売業者側も、建前上は住宅地を謳っていたとしても、実際には購入希望者のほとんどが投機目的であったことを十分承知していたはずである。

その分譲地の周囲にも、すでに完売しているにもかかわらず、一向に家屋の建築が進まない分譲地が至る所に点在していたからだ。矢継ぎ早に新規の宅地開発が繰り返される中、その市場の現状すらも把握せずに宅地開発に参入する業者などあるはずもない。
開発業者にしてみれば、いったん販売してしまえば、その後購入者が実際にそこに家屋を建築するかどうかは、さして問題ではなかっただろう。安価に開発して、安価に素早く売却し、それを元手にさらに次の土地を開発する、それが当時の投機型分譲地のビジネスモデルであった。そこに、良質な住環境を整備しようという都市計画の理念が入り込む余地はない。

これは今でもあまり変わらないと思うが、町村レベルの小規模自治体は、潤沢な資金を持つ企業の開発行為や活動を抑止できる力を持ち合わせていないことが多い。首長より、地元の土建会社の方が実質的に立場は上といった話は珍しくもないし、しばしばその癒着が表沙汰になり刑事事件化したりする。

自治体は乱開発に期待を寄せたか

そのあまりに野放図な乱開発が問題視され、のちに線引きに踏み切ることになった千葉県の旧大網白里町や富里町（とみさと）（現・富里市）の例もあるのだが、当時乱開発のターゲットになった自治体の中には、どこかでその乱開発に、税収増や人口増、発展への期待を寄せていた面もあったのではないだろうか。

今、それらの地域に残された投機型分譲地の乱開発ぶりを見ても、そこに何らかの抑制が働いていた形跡を読み取ることはできない。ありていに言えば道路の形状もデタラメ極まりないもので、およそ計画性とは程遠い様相をさらしている。

千葉県は、半島という地形上の制約から、もともと東京近郊部と、東京から離れた郊外・農村部において、交通利便性も含めた発展の度合いに著しい格差がある。東京寄りの自治体において次々と宅地開発が進められ、ベッドタウン・郊外都市として変貌していく一方で、外縁部の小規模自治体にも、やがてその開発の波が押し寄せるのだろうという淡い期待を、分譲地の購入者はもちろん、地元自治体や、時にはそれを開発・販売していた側にさえ抱かせてしまう情勢にあったのだ。

そうした当時の投機型分譲地の販売模様を伝える資料は、今となっては当時の新聞広告をしらみつぶしに探すほかはないが、70年代当時、これらの分譲地の販売手段としては、広告による宣伝のほか、営業社員による訪問販売という手法も採られていた。各家庭への戸別訪問のほか、事業所、時には学校や行政機関などにまで不動産営業社員が出入りしていた。当時の営業模様を知る方の中には、むしろ広告よりそのほうが主流だったのではないか、と証言する方もいる。

その訪問営業の実態を、今仔細に知るのは困難だが、おそらく、新聞広告以上にその投機性を謳った勧誘が行われていたであろうことは想像に難くない。のちに詳述する、いわゆる「原野商法」の販売においても、販売手法は従来の投機型分譲地と全く変わらなかったからだ。

営業社員にしてみても、限られた資料の中で効率よく販売を行うには、利便性や立地を事細かに説明するより、土地そのものが持つ資産性や投機性を大雑把にアピールする方が話として手っ取り早いはずで、そして実際、それを裏付けられるほど土地価格が上昇していたのは紛れもない事実である。

購入者は富裕層ではなく一般庶民

こうした投機型分譲地の購入者は、必ずしも富裕層というわけではない。取材の過程で、僕は70~80年代に開発された旧分譲地の登記事項証明書を取得し、内容を精査する機会がしばしばある。

千葉県の分譲地の場合、その所有者名義の多くは東京・神奈川・埼玉といった首都圏の個人だが、その購入者の住所が、明らかに賃貸物件としか思えないような建物名であったり、時には社宅や公営住宅であったりする。一軒家らしきものにしても多くは、特に何の変哲もない住宅街と思われる住所が大半だ。

もちろんその情報のみで各購入者個人の資産状況を推し量ることはできないが、一般的に連想される「地主」や「富裕層」のイメージではないし、ましてや賃貸暮らしともなれば、今日の感覚ではどう考えても購入の順序が逆である。時代は下り、さらに地価が暴騰した80年代後半のバブル期になると、購入と同時に抵当権が設定され、数百万円ものローンを組んで購入していた形跡のある土地もしばしば見られるが、現実には暮らすつもりも、利用するつもりもなかった土地に多額の費用を投じるという状況は、まさにその土地が「宅地」ではなく、株などの有価証券と同じく、「投資」「投機」の対象でしかなかったことを示すものだ。

1976年に分譲が行われた千葉県下総町（現・成田市）のある住宅分譲地は、100区画にも及ぶ宅地の分譲販売が行われたにもかかわらず、その3年後の1979年に撮影された、同分譲地付近の上空写真を見ても、家屋はわずかに数戸しか見られない。ほぼすべての区画が投機目的で取得されたのだ。

つまり、開発用地の取得費用やそれにかかる経費を比較的安価にできる分、販売価格も一般のベッドタウンと比較して安めに設定できたへき地の分譲地と、財産形成の手段として不動産を購入したいが、用意できる予算が限られていた末端の個人投資家層の需給がここで合致した、ということになる。

一般の住宅取得者であれば、予算ももちろん大事だが、現実的に勤務先へ通勤可能か否か、家族や子供の住環境としてふさわしいかどうかも重要な判断基準になるはずだが、投資物件としての購入は、どうしてもそのあたりの実用性についての判断が甘くなりがちだ。ましてや、悠長に購入を考えているうちに完売してしまうほどの活況であった当時であればなおさらだろう。

結果としてそういった投機型分譲地のほとんどは、今日、当時と現在の貨幣価値の違いを度外視してもなお10分の1以下にまで実勢相場が下がってしまっているのが現実だが、果たしてこの土地ブームの時代、どれほどの人が今日の結末を予測できていたであろうか。

「投機型別荘地」の惨状

さて、僕は、千葉県の限界分譲地を調べ始めた当初は、投機目的の土地が乱売され、今なお不在地主の土地が膨大に取り残されている現象というものは、千葉県の郊外特有の話であると思い込んでいた。僕は静岡県で生まれ、若い頃から引っ越しをすることが多く、東京23区から長野県の山村まで、都会、田舎を問わず色々なところで暮らしてきたが、今暮らしている千葉県の郊外にあるような、空き地だらけの低密度の分譲地を見かけることなどまずなかったからだ。

しかしその後、高度成長期以降の宅地分譲について深く調べていくうちに、実はそれは千葉県だけではなく、とりわけ別荘地においては一般的に発生していた現象であることを知ることとなった。

高度成長期に那須高原において開発された投機目的の別荘地。ほとんどの区画が全く使われないまま山林と化している。

別荘地と言っても、軽井沢や箱根のような戦前から続く由緒ある地域とは異なり、高度成長期以降に開発されたものは、やはりその広告を今見返してみると、当時の土地ブームの勢いに乗って場当たり的に開発された雰囲気が色濃いというか、今日においても、全然リゾートのイメージもないエリアの、単なる里山のようなところを切り拓いて「別荘地」

として分譲しているものも見かける。得てしてそのような「別荘地」に限って、近隣の著名な別荘地やリゾート地の名を騙って(かた)いることが多い。

投機的に売買された別荘地の事情も深刻だ。そもそも開発から40年、50年が経過した別荘地というものは、今日ではおしなべて需要が低く、建物がない限り価格などほとんどつかない所が大半である。別荘地の場合、きちんとした管理会社が入っているところは、別荘地内の環境やインフラは良好に保たれているのだが、そのような場合は管理費などの負担が必要なことが多いので、維持費が掛かる分、更地の取引価格を大きく下げてしまっている。何の使い道もない別荘地を相続してしまい、手放そうにもなかなか売れず、その管理費の負担に悩む地権者は珍しくない。

適切に管理された別荘地ですら、今となっては更地の需要などほとんどないのだから、管理も入らない、荒廃した旧別荘地の需要など絶望的と言わざるを得ない。本来別荘というものは贅沢品の類であって、なければ生活に支障が出るようなものではない。

避暑地の場合、夏は快適でも冬の気候は厳しく、別荘地ということで、千葉県の限界分譲地以上に利便性も考慮されていないので、一般の住宅用地としての需要などほとんど期待できない。また、別荘地は眺望を考慮して傾斜地を造成しているところが多いが、開発から数十年が経過した今、そんな傾斜地には大木が多数生い茂り、眺望どころか、昼間でも薄暗い、単なる斜面の雑木林と化しているところが大半である。分譲当時とは法令や規制も変わり、今となっては建築物を作ることすらできなくなっているところもある。

関東の場合、1970年以降に、別荘地名目で盛んに開発が進められたのが、今僕が暮らしている千葉県の九十九里平野のほか、茨城県の大洋村（現・鉾田市）周辺、栃木県の那須高原周辺、群馬県の浅間高原付近などだが、栃木県を例に取ってみても、（今でこそ那須塩原市だが）一般的にはあまり那須高原とは認識されていないような旧黒磯市周辺、また「日光」を謳いながらも、日光東照宮からは離れた旧今市市周辺などに、ただ開発・分譲されただけで、その後ほとんど利用もされていないような投機型分譲地が数多く放置されている。

傾向としては、やはり別荘地やリゾートとしてのブランドイメージが確立していないような、要は中途半端な立地の「別荘地」の方が総じて利用率が低く、投機的に購入されていた形跡が多いことが認められる。つまるところ別荘地においても、ブランド力に乏しい立地は価格面でもそれが反映され、実需よりも投機目的での需要の方が上回った、ということになるだろう。そしてこのあまりに安易な需給の結びつきが、今日に至るまで日本の不動産市場に暗い影を落とす、ある不誠実なビジネスモデル――原野商法――をのさばらせることとなる。

第3章

原野商法の実相

1970年代の悪質な不動産広告

1970年代の不動産広告をしらみつぶしに精査していて、つくづく痛感させられるのが、当時の不動産広告の記載の不正確さ、不誠実さである。そのすべてがデタラメだとは言わないが、最寄り駅までの所要時間を過少に見積もっている程度ならかわいいもので、中には最寄り駅までの距離そのものが虚偽であったり、発案段階にしか過ぎない交通機関(もちろん実現していない)を、分譲地への交通手段として大きく打ち出していたりする。

ひどいものになると、価格表記が虚偽であったり、分譲地そのものではなく、主要駅前に一時的に設置した案内所へのアクセスを大きく記載していたりと、明らかに購入者を欺くために行っているとしか思えないものもあり、こうした虚偽広告が、公正取引委員会より排除命令を受けているケースも時折報じられている。

今日の不動産広告は、(根拠となる事実を表示せずに)「激安」「最高」といった、主観的な断定表現の使用を禁止するなど、表記について厳しい表示規約が定められているが、それは過去、杜撰(ずさん)かつ恣意的な誇大表記が横行し、多くの消費者が損害を被った事実を踏まえてのものである。

しかし、かつてはそれほど不正確な広告であったとしても、せいぜい考えられるペナルティは公正取引委員会による排除命令（広告記載の一部に誇大表記が見られ、不当景品類及び不当表示防止法に抵触しているとみられる広告について、公正取引委員会が当該の広告の取り下げおよび是正を勧告するもの）のみという程度で、物件の引き渡しを行わずに受け取った代金を持ち逃げしたなどのよほど悪質なケースでない限り、不当な広告表記というだけで事件化していた様子は見られなかった。

当時の悪徳業者の常套手段として、一度分譲地を完売させたらすぐにその会社を畳んで購入者からのクレームを遮断し、別の社名で新会社を立ち上げてまた同様の事業を繰り返す、というものがあった。大雨ごとに冠水するような粗雑な造成地を、充分な説明を受けることもないまま購入してしまった被害者が、苦情を申し立てる相手もなく泣き寝入りせざるを得なくなったような事例を伝える記事もある。

新聞が追及に消極的だった「無責任な理由」

だが、1970年代のそうした乱暴な不動産売買の現状について、真正面からメスを入れた報道記事はあまり見られない。地価の高騰や住宅難について批判的に報じる記事は数多いのだが、そのほとんどは国や行政の失策を指弾するものか、あるいは企業の投機買いをひとまとめに報じるものにとどまっている。各事業者の不誠実な販売手法が横行していた事実については、あくまで刑事事件化した際か、あるいは公正取引委員会の排除命令が行われたときに報じられているのみだ。

追及が消極的だった理由は、たとえ企業倫理が欠如した不誠実な業者であろうと、多くの新聞社にとっては、重要なスポンサー・広告主であったからに他ならないだろう。当時の縮刷版を読んでいて確実に言えるのは、拡大一辺倒の土地開発が盛んだった当時、公害問題を除けば、その抑制を訴える声はむしろ少数であり、多少手段が乱暴であっても開発を歓迎する空気が、紙面に色濃く反映されているということだ。

住宅難を背景にどんな分譲地でも瞬く間に完売し、地価の高騰を嘆く一方で、おそらく不動産会社がスポンサーとなっていたであろう、新規の宅地分譲・住宅販売を好意的に伝える不動産の特集記事も毎月のように組まれている。大手の不動産会社であれば、その販売の協賛が新聞社であったケースも多い。

これでは不誠実な業者の自浄作用など期待できるはずもない。僕が調べているのはあくまで当時の新聞の縮刷版のみだが、広告はその他にも折込広告や、株式新聞などの業界・

専門紙などでも出されていたはずで、そうした広告掲載費への依存度が高い中小メディアでは、より広告内容の審査は緩くなりがちだ。日本経済そのものが拡大を続けていた時代、大手企業ですら環境保護に配慮もせず、様々な公害に見舞われている中で、旺盛な需要に後押しされた開発を押しとどめるものなど何もなかったのだ。

そんな有象無象の業者による広告が急増していく中、1972年頃より、そうした広告とは明らかに毛色の異なる広告が散見されるようになってくる。それは、特に問題も見られない一般の不動産広告（リゾート物件が多い）の真横に、さも当たり前のように堂々と掲載されているのだが、どうしたわけか住宅地でもなければ別荘地としてのアピールもしておらず、ただ100坪あたりの価格を打ち出しているのみ。立地は北海道がほとんどだが、たまに東北地方や、当時は返還直後だった沖縄県の分譲地もある。

原野商法の驚くべき「広告の手口」

実はこれこそが、今なおその二次被害が問題視され、不動産売買における悪徳商法の代名詞ともなった「原野商法」の土地の広告である。今日では、原野商法というものは紛うかたなき「詐欺」の一種として扱われているため、堂々と新聞広告を掲載していたことに違和感を覚える方も少なくないかもしれないが、当時は当たり前の不動産商品の一つとして、何食わぬ顔で市場に流通していたものだ。ある面では新聞社もその片棒を担いでいたと言えるだろう。

上の図は、典型的な当時の北海道の原野商法の広告である（1973年7月3日付読売新聞）。「将来性を第1とお考えの方に大札幌圏をおすすめします」とのキャッチコピーのもと、札幌駅前の地価上昇率が全国2位となったことを高らかに謳っている。価格は300㎡で39万円から。開発計画に、今日においてもなお札幌までの延伸が実現していない「北海道新幹線」の基本計画の記載もある。

北海道の原野商法の広告。（1973年７月３日付読売新聞）

しかし実際の分譲地は札幌市内ではなく、札幌市の北東部、石狩川の対岸にある石狩郡当別町に位置している。しかもその所在地である字弁華別はその当別の市街地からも遠い山林で、もちろん分譲から半世紀を経た今なおまったく市街化は進んでいない。分譲地の近隣にあった、木造校舎で知られた旧弁華別小学校は閉校し、むしろ地域は当時より衰退している印象すらある。

問題の分譲地は今も山林のままで、航空写真を見る限り、現地へ続く舗装道路がある様子も見られない。図面上では一応区画割されていて、私道らしきものも確保されてはいるのだが、実際は、それはただ図面上でそう描いていただけで、現地では全く何の造成工事も行われていなかったというのは、原野商法の手口として今もよく知られている通りである。

「原野商法」という言葉からは、都市部から遠く、人里離れた、四方見渡す限りが文字通りの「原野」である土地が切り売りされたというイメージを抱きがちで、もちろんそのイメージ通りの「原野」の分譲地もあるのだが、実際のところは、著名な都市や景勝地、観光地から、遠くもなければ近くもない微妙な立地にある山林などが、その地名にかこつけて売買されていることが多い。

そしてこれらの広告には、通常の分譲地にはあってしかるべき、土地の利用方法についての具体的な提案がない。まともな住宅分譲地であれば、そこにイラスト付きの建築プランの一例や、あるいは親子団らんでくつろぐ姿のイメージ写真などが添えられ、マイホーム購入後の明るい生活を想起させるレイアウトになっているものだ。

僕が調査するような千葉県遠郊外部の投機型分譲地の広告にしても、普通の住宅分譲地の広告と比較すれば若干生活感が乏しく、なんとなく実需での購入を想定していなかった気配がみられるものの、名目としてはあくまで住宅地や別荘地として販売されているものが大半である。

無造成・素地のまま売られた土地

ところが原野商法の広告には、その名目すらない。住宅用地や別荘地としての利用の提案もしておらず、ただ土地を購入することの優位性を説くばかりだ。先の北海道当別町の広告に関しても、なんらの具体的な利用方法の想定もしていなかったどころか、臆面もなく「無造成・素地のままお分けする投資向物件です」と記載している。

つまりこれこそ、まさに投機目的に特化した土地分譲の最たるもので、売る側も買う側も、投機以外の用途を全く想定していなかったものである。今日では、明白な「詐欺」のニュアンスで用いられる「原野商法」は、元をたどれば、千葉県などで盛んにおこなわれた投機ありきの宅地分譲を、よりストレートに投機目的のみに特化させたものであったのだ。実際、前述のように原野商法の土地というものは北海道固有のものでもなく、東北地方や沖縄、あるいは千葉県にさえ、何の造成工事も行わず「素地のまま」分譲された土地というものは数多く存在する。

一切の造成工事も行われず、素地のまま分譲・販売された北海道倶知安町・羊蹄山の山麓付近の原野。

それであれば「分譲」という形態をとらなくても、見た目は単なる山林や遊休地にしか見えない土地であろうと、「投資向物件」として販売されていたケースも当然ありうるわけで（実際、これは現代でも存在する）、そうなると、この高度成長期の時代、いったい日本全国でどれだけの土地が「投機商品」として販売されたのか、もはや見当もつかない話になってしまう。

ただ、広大な面積の一団の土地ではなく、それを細かく分筆して切り刻んで販売した物件の方が、1区画当たりの販売価格は下げられるため、資金面であまり余裕がない人でも買いやすいのは確かであり、そのためどうしても投機目的の不動産販売は「分譲」の形態を採ることが多かったということである。

もちろん販売業者側は、利益を出すためにも、1区画当たりの価格は仕入れ時の坪単価と比較して高く設定している。不動産に限らず一般の工業製品でも同様だが、少量販売というものはどうしても価格が割高になるのが常である。実際に造成工事を行っている分譲地であれば、その造成工事に掛かる費用が価格に上乗せされるのは当然だとしても、原野商法の土地はそれも行われていない。

言ってみればこの原野商法というものは、10個で1000円の商品を、そのまま小分けして1個200円で転売しているのに等しいのだが、価格が高い不動産取引の場合、どうしてもその1000円が準備できず、予算的に200円で収めなければならない購入層が出てくるわけである。

1970年代初頭から流行し始めた原野商法は、新聞広告上で確認する限りでは、1973年にそのピークを迎えることになる。全盛期では、数日おきに北海道の原野の広告が代わる代わる掲載されている。社名は、「○○開発」といった一般的な開発業者らしいもののほか、「道央開発株式会社」「道南園芸開発株式会社」「拓殖林業株式会社」といったような、あたかも北海道の開発事業に取り組むような雰囲気を出しているものもある。

しかし、本社の所在地は、都内版の新聞に掲載されているものはすべてが東京都内の会社で、北海道の不動産会社の広告は皆無である。これが中部地方の新聞であれば名古屋、関西地方の新聞であれば大阪の業者が広告を出しているのだが、そのビジネス手法はいずれの地域でも同様だ。性質としては、あくまでその地の将来性・発展性を見込んだ「投機」のためだけの分譲地である。

原野商法が横行し、その後今に至るまで二次被害が後を絶たないのは、そもそも最初がこのような、明白な「投機商品」として分譲されたがゆえに、詐欺被害ではなく購入者の過失とみなされてしまう点にもある。社会的に広く共感や同情を集めにくいために、是正の機運が到来せず、購入した本人もかつての過ちとして受忍せざるを得ない状態にあるのだと思うが、それでも購入者の自己責任の一言で片づけるには、あまりにもその販売手法は不誠実なものであったことも事実である。

公取委に摘発された「詐欺同然の広告」

1973年10月26日、公正取引委員会は、東京都港区芝西久保明舟町(しばにしくぼあけふね)(現・港区虎ノ門)

の「株式会社サンライフ・クラブ」について、不当景品類及び不当表示防止法第6条第1項の規定に基づき、同社の広告に対して排除命令を下している。

「サンライフ・クラブ」という会社は、元は「北日本投資株式会社」なる社名で北海道における土地販売の事業を展開していた、典型的な原野商法の販売業者のひとつだったのだが、１９７２年5月25日号の半月刊紙『株式にっぽん』紙上に掲載した「ニセコ夢の平」なる分譲地の広告が、事実とは著しく異なる記載で一般消費者を優良誤認させているものとして、公取委に摘発されたものだ。

「ニセコ夢の平」の分譲地の広告。(『株式にっぽん』1972年5月25日号)

その排除命令の内容をかいつまんで紹介すると、問題となった広告は、以下の点が、一般消費者の誤認を招いていると指摘されている。

①ニセコから遠く離れた、通常ニセコとは呼ばれていない地域を「ニセコ」と称してい

る

②分譲地までの交通手段について、広告記載の手段と実際の手段が著しく異なる

③広告に記載された価格の分譲地が存在せず、実際には記載価格より高い区画しか販売されていない

④広告記載の総面積が過大である

⑤地勢は平坦としているが、実際は全体の7割が傾斜地で起伏が大きい

⑥「水・電気引き込み可」とあるが、実際には引き込みが事実上困難

⑦「周辺施設」と記載されたレジャー施設は、いずれも実際はかなりの遠方で、周辺に位置するとは言えない

あまりのひどさに唖然とさせられる。これでは当該広告には、むしろ正確な記載などなかったと言っても過言ではない。これでどうして排除命令のみで済まされるのか不思議になるほどで、今日の感覚では、もはや詐欺と断定しても良いのではないだろうか。

同社および前身の「北日本投資」の物件広告は、同時期に一般の新聞紙上でも頻繁に見られるが、明らかに誇大表記としか思えないものが目立つ。1973年8月に「サンライ

フ・クラブ」は、全国各地の自社経営の別荘を自由に利用できる「会員券」を1口50万円で販売する広告も打ち出すが、同年10月の排除命令の後、同社は突如解散し、自由に別荘を利用できるはずの「会員券」も、その時点で何の価値もない紙屑(かみくず)と化してしまった。

いくら投資・投機が自己責任だからと言って、その広告や販売手法が虚偽にまみれていたものであったとしたら、さすがにその広告を信じて購入した方のみに責任を帰するのは酷な話であろう。今であれば購入前にある程度の情報収集も可能かもしれないが、当時は情報入手の手段も限られていたであろうし、ましてや大変な開発ブームで、実際に開発用地としての需要が各地で高まっていた時代の真っただ中であれば、あるいは僕自身もそのうちの一人として、遠い北の大地の原野に夢を託していたかもしれない。その広告が、全国紙において、一般の不動産広告に紛れるように掲載されていたのであればなおさらだ。

新聞社子会社が原野商法に関わった

中には新聞社自体の子会社が北海道の原野の売買に関わっていた事例もある。1963年に設立された、スポーツニッポン新聞社の子会社である「スポニチ不動産」は、1973年、北海道虻田(あぶた)郡倶知安(くっちゃん)町の羊蹄(ようてい)山の麓の分譲地の広告を出している。その広告は、先

スポーツニッポン新聞社の子会社「スポニチ不動産」の物件広告。広告にはいくつか不正確な記述がみられる。（1973年7月1日付読売新聞）

の「サンライフ・クラブ」のものに比べれば表現は控えめではあるものの、実際に動画制作のために現地まで赴いてみると、道跡こそ今も残るものの、広告で謳われている「6m道路」などどこにも見当たらず、側溝も存在しなかった。

こうした、実態とは著しく異なる虚偽の広告によって消費者を惑わす土地分譲について、80年代以降になって、散発的に民事訴訟が行われてきた。僕が確認した限りではその大半が原告（購入者）側の勝訴で、被告の業者側に賠償が命じられているが、判例として今も残されている記録は、実際に分譲された原野商法の分譲地と比べてあまりに少なく、多くの購入者は泣き寝入りしていたものと考えられる。なお、不動産広告に販売受託会社として記されている株式会社東都は、現存する同名企業とは異なる会社だと思われる。

原野商法の「二次被害」の実相

一口に「原野商法」と言っても、その販売手法や、広告表記の正確さには多少の差がある。そしてこの時代は、北海道の原野に限らず、広く一般の住宅分譲地も投機の対象となっていた。北海道の「原野商法」と千葉県の「投機型分譲地」。その境目は極めてあいまいで、つまり「原野商法」というものは、どこか特定の地域の特定の商取引を指すものではなく、当時全国で盛んであった投機目的の不動産売買のうち、もっとも流動性が低く、その後何らの利用も転用も行われなかった土地の分譲について、大まかに指しているに過ぎない言葉なのだ。

ところが今日においては、「原野商法」は、一般の不動産販売とは一線を画した、詐欺まがいの特殊なビジネスが存在したかのようなニュアンスで捉えられており、報道などでも「原野商法の二次被害」という表現がしばしば躊躇（ちゅうちょ）なく使用されている。僕自身も、表現として不適当であるとはわかっていても、他に代わる語句が見つからず、便宜上この言葉を使う機会は多い。

しかし、今日よく言われる「原野商法の二次被害」の事例を細かく精査してみると、その被害者は、むしろ北海道の原野の所有者であるケースは皆無ではないものの主流でもなく、北海道以外の投機型分譲地の所有者であるケースがあまりに多い。

典型的な「原野商法の二次被害」とは次のようなものである。

高度成長期やバブル期にかけて土地を高値で購入し、そのまま利用方法もなく今も所有し続けている地権者、あるいはその相続人のもとに、ある日、都市部の不動産業者からのダイレクトメールが届く。中には、「ご所有地の売却や活用を提案します」との文字。「物件調査報告書」には、その地権者が所有する土地の地番と、簡単な現況報告が記載されている。

自らが所有する不動産の処分に悩む地権者は、それまでにも何とか手放そうと、一般の不動産会社に相談を持ち掛けたりもするのだが、業者も商売なので、営業エリアから遠く離れた、ほとんど価格のつかないへき地の分譲地など積極的に取り扱おうとはしない。物件所在地の近隣にある不動産会社にしても、膨大な数に及ぶ投機型分譲地の処分についての相談は恒常的に舞い込んでいて、それがいかに手を焼くものであるかは熟知しているので、歓迎されることはまずない。

そんな中、「全国の別荘地専門」を謳う業者からの案内が届く。多少は疑念を抱く方ももちろんいるとは思うが、ほかに手段も思いつかないために、半信半疑ながらもダイレクトメール記載の連絡先に問い合わせてしまう。実際のところ、同封の「物件調査報告書」なるものは、「樹木に覆われています」など、Ｇｏｏｇｌｅマップの航空写真を見れば誰でも書けるようなどうしようもないもので、そもそも利用率が極端に低い投機型分譲地の現況など、わざわざ改めて調査するまでもなく、日本全国どこへ行っても大差ないのだが、そうした現況すらも把握していない地権者はいとも簡単に騙されてしまう。

そしてその業者からは、広告費、調査費、あるいは測量費など、名目は様々だが、数十万円の費用を請求される。あらかじめ業者は、その地権者の所有物件に、数百万円もの査定額を算出して伝えるのだが、それは実勢相場を無視したおよそ非現実的な価格であり、当然そんな価格で買い手など現れるはずもない。あくまで「調査費用」などを請求するためのつじつま合わせに過ぎないのだが、その価格で売却できるのなら、と信じてしまった地権者は、業者の言うがままに数十万円もの費用を支払ってしまう。

不動産の仲介手数料というものは成功報酬であり、物件の売買契約成約後しか請求することはできない。その手数料には、物件の売却までに要した広告費・宣伝費・一般的な調査費も含まれるため、買い手が見つかる前からこれらの名目で費用を徴収するのは明白な宅地建物取引業法違反なのだが、地権者の側にそうした知識がないために付け込まれてしまう。

一応業者側も、費用を受け取ったら、現地に「売物件」の看板を立てはする。そして、自社が加盟する業界団体（多くは全日本不動産協会）が運営する物件情報サイトに広告を出す。しかし業界団体のサイトは、協会に加盟する業者であれば掲載料が無料である反面、一般ユーザーの目に触れる機会は極めて少ない。そこへきて実勢相場より大幅に高い価格となればレスポンスなどあるはずもなく、「手数料」の支払い後、業者からの連絡がパタリと途絶えて初めて、地権者はまんまと騙されたことを自覚することになる。

もちろんこれは違反行為なので、多くのケースでは訴えればまず間違いなく地権者が勝てるとは思うが、そこは業者側も百も承知のうえで、そのために手数料の額を、たとえ弁護士を立てて勝っても最終的には赤字になってしまう程度の絶妙な価格に設定している。生活が直ちに立ち行かなくなるほどの損害ではないために泣き寝入りする被害者が大半で、過去、摘発されたケースは、むしろその範囲を大幅に超えた多額の詐取が行われた例外的な事例である。

所有者の不安や負担を巧みに突く

こうした投機型分譲地とは無縁な方にとっては、ほとんど無価値としか思えないような不動産には不自然なほどの高額査定を疑いもなく受け入れ、業者の言うがままに手数料を支払ってしまう地権者の心理はなかなか理解しがたいかもしれない。だがこれは、当の分譲地所有者が抱え持つ焦燥や不安を巧みに突いた商法なのである。

実際のところ、北海道の原野などというものは、ほとんどの場合は固定資産税評価額が安すぎるために非課税で、周囲に住民が皆無なために、放置していても誰にも迷惑が掛かることがない。そもそも人が容易に立ち入れるような立地ですらないので、特に管理もせず、ただ所有し続けているだけの人が大半である。

だが、一般の分譲住宅地ではそうはいかない。周囲に既に家屋が建っている分譲地であれば、宅地とみなされて課税されているところもあるし、放置すれば雑草や雑木が繁茂し、近隣住民からのクレームも来る。別荘地などに至っては、固定資産税とはまた別に、別荘地の管理会社より管理費を請求されるケースもある。

こうした分譲地の所有者の負担感の強さは、それこそ北海道の「原野」の所有者とは比較にならない。購入した本人であれば、まだ過去の過ちとして、どこかで気持ちに折り合いはつけられるのかもしれないが、相続人にとっては理不尽極まりない話である。評価額の低いへき地の狭小地の固定資産税自体は微々たるものとはいえ、何ら必要としていない無用な不動産について、終わることのない維持費を捻出し続けるのは、もはや金額の多寡とは関係のない、生活上の重大な瑕疵(かし)となりうる。

実は「原野商法の二次被害」とは、こうした負担を強いられている地権者を狙い撃ちにして行われている。その不動産が、かつての「原野商法」で購入されたものであるか否かはほとんど関係がない。今でも現役の別荘地であろうと、悪徳業者の餌食(えじき)になってしまう地権者は後を絶たない。

その手の業者の多くは東京や大阪などの都市部の業者である。こんな著しく需要が低い物件ばかり取り扱い、それで1件成約させても正規の法定手数料が最大で20万円ほどにしかならないのでは、商売など成り立つはずがない。人件費はおろか、事務所の賃料を払い続けることすら困難だろう。つまり彼らは正規の仲介手数料ではなく、地権者から巻き上げた不正な手数料によって事業を成り立たせているのは明白なのである。

僕はこれまで、何人もの限界分譲地の所有者さんにお会いしてきたが、自宅にこの手の業者のパンフレットが送られてきた経験を持つ方は非常に多い。もちろん皆が皆騙されているわけではなく、無視して放置している人が大半なのだが、それでもこうして継続的に送られてくるということは、どこかで人知れず、彼らの口車に乗せられ、不正な手数料を支払ってしまう人が後を絶たないのだろう。

「原野商法の二次被害」という表現は被害の実態を反映していない

よく原野商法の二次被害については、業者間で被害者の名簿が出回っているとまことしやかに語られる。だが実際にはその手のダイレクトメールは、分譲当初に購入した方だけでなく、のちに自己使用のためにその分譲地を購入した方や、相続で所有している方にまで送られてきているので、業者側は定期的に新しい登記情報を確認していることは間違いない。

この商法はもう長年業界内で問題視され続けており、しばしば業界団体内の会報などでも注意喚起は行われているが、業者は頻繁に、解散と別名義の法人の設立を繰り返しており、今なお同様の被害は続いている。

重要なことは、既に述べたとおり業者のターゲットはあくまで、かつての投機型分譲地の購入者とその相続人、または所有コストの大きい旧別荘地の所有者であり、「北海道の原野」の購入者に限らない。ところが一方で、この問題を指摘するマスメディアや消費者庁（国民生活センター）などの行政機関は、今も「原野商法の二次被害」の語句を当然のごとく多用している。

代替できる適切な用語がないのも問題だが、それ以上に、この「原野商法の二次被害」という表現は、もはや被害の正確な実態を反映していないことに重大な懸念がある。周辺に一般の家屋が建っていたり、今なお管理会社が存在し、管理費を徴収しているような分譲地の所有者は、自分のことを、世間一般で言われる「原野商法」の被害者とは考えていないし、第三者の目から見ても、それが原野商法の土地であり、その所有者が「被害者」であるとはとても思えない。どんなに業界団体や消費者庁が注意喚起を繰り返そうとも、当の所有者が、自らがターゲットになりうる可能性を想定していなければ、被害の拡大を食い止めるのは難しいのではないだろうか。

新手の「買取ビジネス」

そうは言っても、今や都市部と地方の地価の格差は埋めがたいものとなり、いまさらへき地の、どこにあるのかもよくわからないような分譲地が高く売れると聞かされても、素直にそれを信じる方は少なくなっているのではないかと思う。実際には、被害に遭った方は、別に土地を高く売ってひと儲けしようと考えたのではなく、他に打つ手が思い浮かばずやむを得ず悪質な業者に託してしまったケースも少なくないとは思うが、それでも、これだけ「負動産」という言葉が浸透し、負担にしかならない田舎の不動産が抱えるリスクが広く語られるようになった今、従来のビジネス手法では説得力が失われてきているのに疑いはないだろう。

そのためか、近年ではむしろ、不要な不動産が高く売れるとの現実味のない誘い文句よりも、むしろ不要で無価値な不動産の「処分」を持ち掛けるダイレクトメールが急増している。つまり、業者が、一定額の手数料をもって「引き取り」を行うのである。もちろん無料で何でも引き取ってもらえるわけではなく、物件の種類や状態に応じて、所有者は一定額をその引き取り業者に支払う必要がある。

この「不動産買取ビジネス」そのものは近年その数を増やしていて、僕自身も、取材の過程で、同様の事業を営む社長さんと面談したこともある。不都合なことは不都合なこととして、きちんと説明したうえで、適正価格で有償引き取りを行うまともな事業者もあるにはあるのだが（そういう事業者は行政と提携して空き家問題等にも取り組んでいる）、一方でこの有償引き取りビジネスは、元々値段のつかない不動産の引き取りに関する「リスク」を金額に換算して取引が行われるので、統一した取引相場が形成されにくいうえ、その取引価格は広告などの形で不特定多数に公開されることもなく、ブラックボックス化してしまう危険性をはらんでいる。

中には、本来であれば、高値では売れないにせよ、多少の値段を付けて売れるはずである物件ですら、「子や孫に負債を残さないために」の殺し文句のもと、高額の「処分手数料」とやらを支払わせて引き取ったにもかかわらず、結局はその物件を第三者に転売しているような業者も見られる。もはや、かつての「原野商法」とは似ても似つかぬ商法である。そんな業者がターゲットにしているのは、断じて北海道の原野ではなく、そのほとんどが高度成長期以降に開発されたリゾート物件だからだ。次章では、こうしたリゾート物件の売買や現状について紹介していく。

Column

沼地に開発された分譲地——旧山武町の欠陥住宅訴訟

第三セクターへ総額7億円の損害賠償請求

1998年8月7日、秋田地方裁判所において、あるひとつの住民集団訴訟が提起された。原告は、秋田県からは遠く離れた千葉県山武町（現・山武市）の住民24名。被告は、秋田県、秋田銀行、北都銀行、そして、秋田杉の需要拡大を目的に1982年に設立された第三セクター「秋田県木造住宅株式会社（秋住）」（93年に経営再建を目的に、事業を子会社の「株式会社秋住」に移譲）の取締役や監査役など元幹部15名に及ぶ非常に大掛かりな住民訴訟であった。

のちに「秋住事件」として知られることになるこの住民訴訟は、提訴より遡ること8年、1990年より2年半ほどの間に、秋住が旧山武町にて開発した分譲地の建売住宅で、ことごとく地盤沈下や施工不良などの欠陥・不具合が発生し多大な損害を被ったとして、その購入者が共同で秋田県に対し総額7億円余の損害賠償請求を行ったたものである。

施工会社である秋住は、バブル崩壊後より経営状況が悪化し多額の負債に苦しみ、その提訴より半年前の98年2月、すでに子会社と共に東京地裁において破産決定がくだされていた。いわゆる第三セクターは厳密には公的機関ではないのだが、原告側住民の主張によれば、販売パンフレットに当時の県知事が顔写真付きで推薦の言葉を寄せていたり、「秋田県が母体の企業」などと記載したりと、県自ら秋住の運営母体が秋田県であると誤認誘導させる役割を担っていたという。

山武住民 秋田県など提訴

倒産の3セク「欠陥住宅」問題

7億円の損害賠償求める

秋田県の三セク住宅

「欠陥に責任」

県を住民提訴

約百八十億円の負債を抱えて破産した秋田県の第三セクター「秋田県木造住宅」とその子会社「秋住」が首都圏で建築・販売した「秋田杉の家」の中に、地盤沈下や構造上の欠陥があった問題で、住宅を購入した千葉県山武町の住民二十四人（十七戸）は七日、両社の旧経営陣や設立母体の秋田県と地元の銀行二行に、住宅補修費や慰謝料など計約七億七百万円の損害賠償を求める訴訟を秋田地裁に起こした。

訴えられたのは、両社の社長を兼務していた東海林彦太郎氏ら元取締役十一人と元監査役四人と、秋田

住宅購入者による提訴を報じる当時の新聞記事。
（左「朝日新聞」右「千葉日報」1998年8月8日付）

欠陥住宅をめぐるトラブルはメディアでも定期的に報じられており、過去幾度となく訴訟も行われている。ところが欠陥住宅をめぐる紛争は、建築士が申請書類を偽造して摘発されるケースはあるものの、刑事事件ではないため施工

不良によってその施工業者が刑事罰に問われる事例がない。そのため一時的に注目は集めても、やがて時間の経過とともに風化してしまうのが常であった。しかしこの秋住事件に関しては、第三セクターという、ある種公的な側面を持つ事業体が引き起こしたトラブルであり、なおかつ県を代表する銘木である秋田杉のブランドイメージを毀損しかねないスキャンダルということで、訴訟当時は秋田県内でも大きく問題視された。秋田県内では、事態を重く見た有志によって被害者の住宅の修復工事を無償で行うボランティア団体が発足し、秋田県はその団体に費用の助成を行っている。

それにしても、事件の舞台となった旧山武町もまた「山武杉」と呼ばれる杉の一大産地として知られた町であり、今も町内には広大な杉林が広がっている。なぜ秋住はよりによってそんな杉の名産地で秋田杉の拡販を企図したのか、今もって謎のままだ。おそらく単純に、当時の旧山武町の地価の安さのみで立地が選定されたもので、率直に言って秋田杉の拡販については、どうでもよかったとまでは言わないが、優先順位は低かったのが実情ではないだろうか（秋住の住宅はコスト削減のため、秋田杉ではなく安価な集成材が使用されていたと報じたメディアもある）。秋住の建売住宅販売が開始された1990年当時は、すでにバブル期の勢いは減速し始めていたが、地価は依然ピークに近い状態にあった時期である。

秋住の分譲地は、住民訴訟から25年が経過した今も現役の住宅地として利用されている。いずれも戸数は20～30戸程度の小規模な分譲地であるが、90年代以降の分譲地なので、1970年代の分譲地のような、車両のすれ違いも難しい狭い道でもなく、一見すると旧山武町のどこにでもあるミニ開発の住宅地のように見える。

田んぼや沼地に、ろくな地盤改良工事も施されることなく造成

しかし秋住の分譲地はそのほとんどが、元は軟弱地盤の田んぼや沼地に、ろくな地盤改良工事も施されることなく造成されているもので、結果としてそれが地盤沈下などの被害を引き起こした主要因となった。1990年ともなれば、すでに旧山武町においても投機型分譲地の開発ラッシュが吹き荒れた後の時代で、当時の地価を考えても、デベロッパーとしての参入は遅かったと言わざるを得ない。秋住がどのような手法をもって旧山武町での用地買収に動いたのかはわからないが、早いところでは70年代初頭から開発の手が伸びていた同町においては、すでに良質な開発用地の確保は困難になっていたのではないだろうか。

実際、国土地理院が公開している地理院地図の色別標高図を見れば、秋住の分譲地が、周囲と比較して明らかに低地に開発されたものであることはすぐにわかる。地盤沈下が特に激しかった市内某所のある分譲地には、基礎が大きく浮き上がり、建物には亀裂が入り、既に基礎そのものまでもが損壊している空き家が今も残されている。浮き上がった基礎と地面の隙間には土嚢袋を置いて塞いだり、あとから継ぎ足すかのように基礎の補修を施した形跡はあるのだが、沈下はなおも止まらなかった模様がうかがえる。

事件発覚当時、秋住の建売住宅の補修工事に赴いた建築事務所の代表者が記したブログによれば、湿気の多い軟弱地盤であるために、近隣道路に大型車が通るたびに建物は大きく振動し、床下は湿気がひどくカビが多く発生していたとのことであった。

秋住の分譲地を歩くと、開発からまだ30年ほどしか経過していない割には空き家が目立つ。周辺地域では今も事件を記憶する住民が多数いるので、ただでさえ地価の下落が大きい旧山武町内においては、秋住の分譲地の物件はどうしても価格が安くなるためであろうか。ある地元業者が、秋住の分譲地の中古住宅を広告に出していたことがあるが、その広告には、告知事項として秋住の施工であることが明記されていたほどだ。仮に伏せたところで、周囲を見れば今でも被害の跡が生々しく残るところがあるので、少し下見や下調べをすればすぐにわかってしまう。

東日本大震災の被害が甚大であった所も

後に聞いたところでは、秋住が開発した分譲地では、地盤が弱いために東日本大震災による被害が甚大であった所もあるらしい。確かに言われてみれば、いくら軟弱地盤であったとしても、自然に沈下したにしてはあまりに被害の度合いがひどすぎる箇所もある。

地盤沈下が発生したのは家屋だけではない。分譲地内の私道も沈下したために、今も降雨のたびに破損した側溝がオーバーフローして溢れてしまう。私道のため公共事業による補修工事も入らず、住民（私道持分者）の負担のみで、すでに造成が完了している道路の補強工事を行うことも難しいだろう。

秋住事件が発覚した際の旧山武町は大変な騒ぎとなり、原告側住民の自宅にはテレビ取材も入り、ついには町役場による住宅購入者向けの住民説明会が開催される事態となった。自分の両親も慌てて説明会に参加していた記憶があると、秋住の分譲地で幼少期を過ごした元住民は語る。裁判では建築水準の低さや資材の劣悪さも問題視されたが、総じて軟弱地盤の沈下によって引き起こされている被害なので、同じ分譲地内でも被害の度合いにかなりの違いがある。最終的に、旧山武町内で秋住が開発した複数の分譲地において、１００戸以上の家屋で欠陥箇所が確認されることになった。

地盤沈下の痕跡が生々しく残る空き家の基礎。

地盤沈下により排水能力を失った分譲地内の側溝。

当の住民訴訟は和解に持ち込まれ、前述の通り有志によるある程度の支援は行われたのだが、問題の分譲地には今も住民が暮らしている。

欠陥住宅に限らず、自然災害の発生時にもよく見られる現象だが、こうした地盤や土地の地勢に起因した問題が取りざたされると、必ず出て来るのが、事前の下調べを怠った購入者に対する、ある種の自己責任論である。確かに、欠陥住宅被害者の救済が行われない現状では、被害を防ぐにはまず自分自身で念入りな調査をして防衛する以外の手段はない。しかし、いくら住宅建築が高額なものであるとは言え、専門外である一般市民が、専門知識で武装して被害を防止できなかったことを責めるのは酷な話だ。

また、今でこそ旧山武町内では恒常的に廉価な中古住宅の供給が続いているが、当時は給与所得で生計を立てるサラリーマンでは居住地を自由に選べる状況ではなかったことも、この事件の遠因のひとつとして考えられる。東京都内の新築戸建の販売価格は1億円を下ることがまずなかった地価狂乱の時代、予算的に、この利便性の低い軟弱地盤の住宅地を選択せざるを得なかった住民も当然いたはずである。被害住民が総額7億円にも及ぶ損害賠償請求に踏み切ったのも、その高額のローン負担を抱えたまま、さらに別のところに新たに住居を構えることが困難だったからだ。

今も続く、難ある土地の宅地開発

残念なことだが、地盤や立地に難のある宅地開発は、バブル期特有のものではなく今も続いている。その具体的な地名をここで挙げることはできないが、時代が変わっても、優先されるのはあくまで利便性で、その土地の持つリスクが後回しにされてしまう傾向は今もあまり変わっていない。僕自身、こと災害リスクという観点では決して及第点ではない、海岸近くの分譲地で暮らしているので、リスクよりも別の要素を優先してしまう心情を責めるわけにもいかないが、それにしても、人生を懸けて返済を続けるような高額のローンを組んで購入した新築住宅でそのような事態が発生することなど考えるだけでも怖ろしい話だ。

もちろん、安い中古住宅であれば欠陥が出ても問題ないというわけではないが、少なくとも、これから空き家がさらに増加すると指摘されるこの時代、新規の住宅の供給にせよ、購入にせよ、もう少し慎重にならなくてはならない時代が来ていると思う。分譲地にせよ、家屋にせよ、現代日本はもはやＳＤＧｓといった大仰なスローガンを持ち出すまでもなく、もっと切実に、後先を考えない使い捨てが許される情勢ではなくなっているはずだ。

第４章

変質する
リゾートマンション

マンション分譲が急増した1970年代

前章で紹介した原野商法が台頭した背景に、1960年代から70年代にかけて世を席巻した、別荘地の開発ブームがある。本来は住宅用地としての利用が難しい山間部などの遊休地を安く購入して道路などを造成し、都市部在住者に分譲するビジネス手法は大きな利益を上げられるものだった。一般の住宅地とは異なり、別荘地の場合は、樹木などを伐採せずそのまま残していても、それが「自然」として一つのアピールポイントになるし、ほとんどの別荘地は都市部から遠く離れた山間部に位置するため、開発や建築に関わる法令や規制が緩く、およそ住宅地としては適当とは思えないような急傾斜地でも分譲が可能であったことが、その開発を一層推し進める要因となっていた。

関東周辺のリゾート地では、瞬く間に実需をはるかに上回る勢いで乱売されていった事はすでにお話ししている。別荘地であれ、千葉県の郊外の投機型分譲地であれ、その開発の背景はほとんど変わらず、そして購入する側の動機もまた、実需ではなく投機目的での取得者が少なくなかった点も同様である。

一方、そのような投機目的ではない、あくまで本来の居住用途として開発された住宅分譲地も、時を同じくして急増していた。むしろ割合としては当然ながら一般の居住用途としての宅地開発こそ圧倒的多数で、投機目当ての土地分譲はあくまでその宅地ブームの外側で発生していたものだ。その一方で１９７０年代という時代は、住宅分譲地だけでなく、分譲マンションもまた急速に増加していった時代でもあった。

前述したように、僕が不動産広告を収集するために定期的に読んでいる70年代の新聞縮刷版には、数多くの不動産広告が掲載されているが、もっともよく見かけるのは、郊外の分譲住宅地のものよりもむしろ都心部の分譲マンションの広告である。それこそ東京港区の青山周辺や渋谷区の松濤（しょうとう）といった、今も高級住宅地として名を馳せる都心の一等地のほか、当時のマンション広告は、その大半が東京23区内と、23区近郊の主要駅周辺のものだ。

当時の分譲マンションの販売価格は、床面積などで単純に比較すれば確かに同時期に販売されていた郊外の一戸建てよりも割高である。しかし、物価水準が異なるので単純に比較できないものの、その価格差に今日ほどの開きはない。70年代に分譲された都心部のマンションは、今も現役の住戸として使われているものが多いが、築後半世紀ほど経過しているにもかかわらず今なお気軽に手を出すことができない水準の価格を維持し続けている。

一方で、同時期に開発された千葉県の投機型分譲地や各地の別荘地の家屋などは、多額の費用を投じて維持管理を続けて、初めて売値が付くといった水準まで市場価値が落ちているので、黙っていても価格が上昇し続けている都心部の物件との格差は今や埋めがたいものになっている。現在の東京のマンション価格と、千葉県の投機分譲地の価格差など、もはや比ぶべくもない。不動産の資産価値とは、何よりも立地がすべてであるということを、都心のマンションはその揺るぎない実勢価格をもって証明している。

「負動産」の代名詞となったリゾートマンション

一方、別荘地やリゾート地においては、少なくとも1970年代から80年代半ばころにかけてまでは、リゾートマンションの建築は行われていたものの、その数は限られており、リゾートマンションブームなどと呼べるような現象は発生しなかった。70年代の別荘地開発ブームは、投機目的の購入者の存在を見込んでいたものが多かったため、基本的に実需による購入しか想定できないようなリゾートマンションの訴求力が限られていたというのもあるし、社会全体に、今ほど数多くなかったマンションに対する理解がまだ進んでいなかったというのもあるだろう。別荘地ブームの背景に、当時の都市部における公害などの住環境の悪化もあったことを考えれば、基本的に都市型の住居形態であるマンションでは、当時のニーズを満たすことは難しかったのかもしれない。

もちろん、個々のマンションを精査すれば、例えば管理組合の内紛など、問題を抱えているケースは多々あったと思われるものの、リゾートマンションの市場全体が、何か深刻な課題や欠点を抱えていて問題視されたという事例はあまり見られない。それよりも、山を切り開いて大規模に造成された分譲別荘地が、その後ほとんど使われることもなく荒廃していくケースの方があまりに多く、鉄筋コンクリート製のマンションより、木造の戸建別荘の方がはるかに腐朽は早いため、限られたエリアにしか存在しないリゾートマンションは、共有される課題も少なく、外観だけではその問題も認識されにくかったのだろう。

しかし、今日では、別荘地における「負動産」と言えば、そんな更地の分譲別荘地よりも、むしろリゾートマンションこそがその代名詞として語られる機会が多い。マンションというものはその性質上、必ず管理費が発生するもので、既に利用する機会がないにもかかわらず管理費の負担義務だけが常に発生してしまうところが「負動産」のイメージを強めている。

更地の別荘地であっても、管理会社によって管理が行われているところであれば、管理費の納入が必要になる点は変わらないのだが、これもケースバイケースなので、確実に負担が発生するリゾートマンションほどのインパクトはない。そうしたリゾートマンションの「負担感」を世間に印象付けることになった最大の要因として、やはり新潟県湯沢町に大量に建てられたリゾートマンションを挙げなければならないだろう。

空前のスキーブーム、交通アクセス改善、首都圏地価高騰が後押し

すでに数多くのメディアでも取り上げられている話なのでご存じの方も多いと思うが、関東近郊屈指のスキーリゾートとして知られる新潟県湯沢町は、バブル期に局地的なリゾートマンションの建築ラッシュに沸きあがった。湯沢町の市街地から遠く離れた、苗場(なえば)プリンスホテルが位置する苗場エリア周辺では、70年代半ば以降から既にリゾートマンションの建築は続いていたが、1982年に上越新幹線の越後湯沢駅が開業し、続けて1985年に関越自動車道路の前橋IC〜湯沢IC間が開通すると、アクセス性が格段に向上した湯沢町では、瞬く間に東京のマンションデベロッパーが大挙して群がるリゾートマンションション建設ラッシュが起こった。そのすべてが、冬季のスキー客の需要を見込んで建築された別荘用途のマンションである。

湯沢町にマンション建築が集中した理由として、交通アクセスの急激な改善と、時を同じくして到来していた一大スキーブームによって、苗場周辺を含めた湯沢町では宿泊施設の供給不足が続いていて、ハイシーズンの宿泊予約が困難だったということもあるが、もうひとつ別の要因として、この時期から、バブル期における地価高騰の兆しが首都圏で発生し始めていて、一般的な居住用マンションの分譲販売では、地価が高すぎて採算が取れにくくなっていたという事情もある。マンション販売は、一般の宅地分譲と比較して立地の選定はどうしてもシビアにならざるを得ず、いくら地価が安いからと言って交通不便なへき地に大型マンションを建てることはできない。

当時のスキーブームを伝える写真。Ⓒ朝日新聞社

そのタイミングで、空前のスキーブームと交通アクセスの改善が同時に訪れた湯沢町が、新たなマンション事業展開の場として格好のターゲットになったというわけだ。

投機目的で分譲された「限界ニュータウン」の話をしていると、交通不便なへき地に住宅分譲地が開発された理由として、しばしばこの「バブル期の地価高騰」が原因であると誤解されてしまうことがある。だが実際には、投機型分譲地の販売が最も隆盛だったのは70年代の初頭であり、地価狂乱のバブル時代は、そもそも大型分譲地を開発できるような好条件の立地はすでに価格が高騰していて、よほど資金が潤沢な大手デベロッパーでもない限り、投機の対象として容易に取得できるものではなくなっていた。

もちろん、バブル期においても投機型分譲地の開発・販売がなくなっていたわけではなかったが、すでにこのころには70年代の「原野商法」も次第にその実態が顕在化して問題視され始めており、投機の対象として必ずしも主流であったとは言えない。

ただ、イメージとして、「バブル期の地価高騰」が、乱開発の原因として一番わかりやすく、すんなり受け入れられやすいであろうことは理解できる。実際僕自身も、千葉県の限界ニュータウンについて本格的に調べだすまでは、漠然としたそんなイメージを持っていた。

湯沢のリゾートマンションは「ゴージャス」

一方で湯沢のリゾートマンションの場合、実際にその多くがバブル期に竣工されているうえ、用途が用途だけにその造りは贅を尽くしたものが多い。これは湯沢のリゾートマンションに入ればすぐにわかるが、エントランスからして、当時の一般的なマンションとは造りが大きく異なる。共同の温泉大浴場などはあって当たり前のもので（ないところもあるが）、スポーツジム、プール、スキーロッカー、そして今は休業しているところが多いもののレストランなど、まさに今日我々が想起する「バブル時代」のイメージをそのまま体現した造りになっている。多くは東京のデベロッパーが分譲したマンションなので、一般的によく知られたブランド名のマンションもいくつかある。

バブル期らしく、贅沢に造られた湯沢のリゾートマンション。一般的な居住用のマンションよりも、むしろホテルに近い。

そんな豪華絢爛で華やかなリゾートマンションが、その後のバブル崩壊に伴う地価の低迷と、スキーブームの終焉（しゅうえん）とともに訪れた供給過多による値崩れ、加えて元々別荘用途という不要不急の贅沢品である点も相まって、販売当時と比較して大きく値を下げている姿は、まさにシンボリックな「負動産」と化してしまったということだろう。新築当時、数千万円の価格を誇ったマンションが今や10万円まで暴落、という構図は、チャート以外では可視化できない株価の下落と異なり、バブル崩壊の最もわかりやすいサンプルのひとつとして機能している。

投げ売りされているのは湯沢ではなく苗場

確かに、湯沢町のリゾートマンションが、1室10万円で販売されているというのは誤りではない。実際には10万円どころか、無償譲渡先を募集する広告もしばしば見かける。しかし、湯沢の物件市場をよく精査してみると、10万円で販売されているのは、越後湯沢の駅から20㎞も離れた山奥に位置する苗場スキー場周辺のマンションがほとんどである。

苗場はスキーリゾートとしては名高いエリアとは言え、コンビニエンスストアもないような山間部に、戸数にして1000戸以上にも及ぶ大型マンションが立ち並んでいるのだから、需給バランスはきわめて歪(いびつ)で、10万円まで暴落してしまうのは無理もない。だがそんな苗場スキー場周辺の市場価格が、あたかも湯沢町のマンション全体の相場であるかのように混同されることが少なくなかった。

湯沢町全体がマンション供給過多の状態にあるので、湯沢町の市街地のマンションも、築年数の割には販売価格が総じて安めになってしまっているが、数十万円程度の安値で売りに出されるマンションというのは決まっている。中古マンションとしてまともな価格が

苗場プリンスホテル周辺に林立するリゾートマンション。需要は低く、10万円という価格で大量に販売されている。

維持されている物件と、そうでない物件の二極化が生じているといったほうが正しい。もともとあまり売物件が出ない人気のマンションというものも存在し、一方で広告に出てくるのは、売れ筋ではない（売れ残っている）低価格のマンションばかりなのだから、広告を見ているだけでは、どうしてもそのイメージには偏りが生じてしまうのだ。

立地が近隣のものとさして変わらないのに、価格が極端に安くなっているマンションは、他に比べて管理費が割高すぎたり、築年が古かったり、共用設備が貧弱で魅力に乏しかったりするという固有の事情がある。これは利用者の考え方にもよるのでどちらが良いかは

一概には言えないが、基本的には湯沢のマンションは、たとえその分の維持管理費が発生しようとも、共同の温泉大浴場が付いているほうが好まれており、そのような共用施設が乏しいマンションは価格が低迷している傾向にある。ところが、湯沢のマンション事情を扱うメディアの多くは、そうした個別の物件事情までは伝えようとしない。

管理費の滞納額が1億円に及ぶケースも

中には、まるで廃墟のような荒廃したリゾートマンションが湯沢の町中に立ち並んでいると誤解する方もいて、そこまでいくともはや根拠のまったくない与太話であると断じざるを得ない。苗場のマンションが10万円まで下落してしまった原因は、あくまで需要を大きく上回る過剰供給が常態化していることと、利用頻度に関わらず一定額の管理費や修繕積立金の負担を要するからであって、建物そのものが朽ち果てているからではない。湯沢町およびその周辺のリゾートマンションは、事実上管理が機能していない特定のマンションを除き、どこも管理はしっかりしていて、ごく当たり前のリゾートマンションとして利用されている。

そうは言っても、もちろん湯沢町のリゾートマンションが、販売後、順調に今まで利用され続けていたわけではない。これはリゾートマンションではどこでも起こり得た話だと思うが、湯沢町においても、バブル期の真っただ中に、当時の価格水準で販売されたリゾートマンションは、のちに所有者にその維持を続けるだけの経済的余裕がなくなってしまい、管理費の滞納や、区分所有権の差押えなどが各所で発生する事態となった。後者の場合、当然ながら部屋の差押えに至るまでには管理費の納入を行う余力もなくなっているのが普通なので、マンションの競売物件は、管理費の滞納も同時に発生しているのが常である。

管理費の滞納者が増加すれば、当然マンションの管理運営にも支障をきたしてしまう。管理組合としても到底看過できる話ではないが、仮にその部屋が競売に掛けられたとしても、管理費の滞納が続出していた当時の湯沢町のマンション価格の相場では、落札時に滞納分を清算すると、それだけで実勢価格よりかなり割高になって、わざわざ競売で買うメリットがまったくなくなってしまうケースがあり、滞納の解消は遅々として進まなかった。面倒な競売の手続きを経てそんな部屋を買わなくとも、同じマンションで、残置物まできれいに片づけられた通常の売物件が他にあるからだ。僕の知人にも一人、湯沢町内のリゾートマンションの一室を所有している方がいるが、そのマンションでは、一番ひどい時で、管理費の累積滞納額の合計が1億円にも及んだそうである。

そこで、管理費滞納に悩む湯沢町のマンションの管理組合が採った強硬手段が、管理組合、あるいはその関係者が、滞納者の所有する区分に対して競売を申し立て、それを管理組合が業務委託している管理会社が落札することによって、いったんその部屋の所有権を管理会社に移したうえで、再度第三者に部屋を売却し、所有者の刷新を図るという手法である。

もちろん、管理会社が自ら落札したからといって、滞納管理費が回収できるわけではない。しかし少なくとも、滞納者から所有権を取り上げることによって、未納管理費の累積という負のループを断ち切ることはできる。滞納者にこれ以上請求し続けても、清算できる見込みもまったくなければ、そのままでは部屋の売却もできない。それであるならばいったん管理組合、および管理会社が損害を受忍してでも、管理費の支払いが見込める第三者の手に渡す方が得策だと判断してのことだ。

リゾートマンションの競売物件の中には、たまに管理組合が新所有者に対して滞納管理費を請求しない、と明記しているものを見かけることもあるが、これも手段が違うだけで、未納分の回収を諦め、所有者の刷新を図っているという点では同じである。この手段によって確定してしまう損害は少なくなかったはずだが、そうでもしなければ、管理費の取り逃しを抑えることができなかったのである。

湯沢のリゾートマンションは価格上昇傾向

こうした管理費の未納問題や、リゾートマンションという商品の特殊性から、湯沢町に限らず、バブル期以前に開発された多くのリゾート地において、物件価格は下落の一途をたどっていった。別荘としての利用者が多いためか、一部のマンションにおいては、組合員からの監視の目が届かず、修繕積立金の横領や管理費の私物化という問題も発生していたものの、多くのマンションでは、特に管理放棄されて荒れ果てることもなくリゾートマンションとしての利用は続いていたが、価格下落のイメージは独り歩きしていった。

しかし、本書執筆時点で、そうした湯沢のマンション価格が、極端に高騰しているという事実はないものの、湯沢町の中でも比較的条件の良い、つまり、買い手がつかず10万円まで暴落することなく通常の取引が行われてきたマンションについては、以前よりはかなり価格が上昇している。元々底値に近い状態なので、上昇していると言っても、他の一般的な都市部のマンションとは比較にならないほど安いことに変わりはないが、地元のマンション市場に詳しい方によれば、売れ筋のマンションに関しては、もはや以前のような価格で購入するのは難しくなっている、とのことだった。

価格上昇の原因として一番考えられるのは、首都圏における物件価格の高騰の余波が、湯沢周辺にまで微風程度に及んできたということだが、一方で、こうしたリゾートマンションの購入層が、分譲当初と現在では少し変質してきていることも理由の一つとして考えられるだろう。

湯沢のリゾートマンション群。

悪質な「引き取り業者」の手口

このように、いかに供給過多な湯沢町のマンションと言っても状況は日々変動しているのだが、相変わらず苗場スキー場周辺のマンションに関しては、マンションの築年数や立地、ブランド、階数に関わらず一律10万円、という状況が続いている。この状況がある限り、湯沢のマンションのイメージが完全に刷新されることはそうそうないとは思うが、看過できないのは、こうした「負動産」のイメージが強い湯沢のマンション市場において、極めて不透明と言わざるを得ない商法が跋扈し始めていることだ。

前章で言及した「原野商法の二次被害」では、基本的に「負動産」の所有者に対し、何かしらの理由付けで手持ちの物件が高値で売却できるとそそのかし、不当な手数料を巻き上げるという手口が一般的だが、湯沢のマンションの所有者にはそれは通用しない。市場価格が暴落し、10万円でも買い手がつかない部屋が続出していることは所有者も百も承知である。価格が付かないのに、月々の管理費や固定資産税などの持ち出しは常に発生しているわけで、当然多くの所有者は過去に売却も試みたであろうが、地元仲介業者から冷徹な査定額を聞かされているはずで、高値で売れると言われても、よほどの楽天家でない限り鵜呑みにはしないだろう。

そんな所有者に対し、近年盛んに送り付けられてくるダイレクトメールは、従来のような高値売却を誘うものではなく、お持ちの「負動産」を引き取ります、と呼び掛けるものだ。ダイレクトメールには、その所有者が持つ物件が、いかに処分が困難で価値がなく、所有し続けるだけで負担になるものか長々と書き連ねられている。それらの物件を子供や孫に相続させるくらいなら、お金を払ってでも処分しませんかと勧めている。

もちろん無料で引き取ってもらえるわけではない。ダイレクトメールには「物件処分費用」として数十万円の金額が書かれているほか、数年分の管理費や固定資産税などの固定費の納入が必要になる。実際に、前所有者がこの手の業者に引き取りを依頼してしまったあるマンションの管理組合によれば、数百万円に及ぶ処分費用を請求されるケースもあるとのことだ。

こうした「負動産」の引き取りサービスは近年急増している。しかし、前述したように、そのすべてがすべて、悪徳業者が手掛けているというわけではない。近年では、所有者側が一定の金銭的負担を覚悟しなければ、所有権を手放せなくなっている不動産が増加しているのは紛れもない事実である。

無償での譲渡を行うにせよ、例えば所有権移転登記手続きのための司法書士への手数料や、引き取り手を探す仲介業者の手数料は発生するわけで、一般の不動産売買ではそれは買主が負担するのが通例だが（仲介手数料は売主も負担するが）、それすらもすべて「売主」側が負担し、引き取り手側に確実に金銭的負担のない形にしなければ、まったく処分できる見込みも立てられないような物件も確かにある。有償引き取りサービス自体は、むしろ近年の不動産事情を考えればその出現は必然であったと言っていいだろう。

実際は「負動産」は少ない

しかし、湯沢町のマンションに関して言えば、確かに苗場では、日当たりの悪い低層階は価格がつけられなくなっているところもあるものの、越後湯沢駅、岩原（いわっぱら）スキー場前駅周辺では、所有者がその査定額に満足できるかどうかは別の話としても、少なくとも所有者側が大金を払わなければ手放せないような状況にあるマンションなどほとんどない。

ところがこの手の引き取り業者のダイレクトメールはそんなマンションの所有者のもとにもお構いなく繰り返し送り付けられており、普通に仲介で売却できたはずのマンションを、わざわざ数十万～数百万円の手数料を払って「処分」してしまう所有者が現れている。少々理解しがたい感覚だが、湯沢のマンションが10万円でも買い手がつかないという情報を耳にして、自分が所有するマンションも同様に「負動産」と化してしまうのではないかと早合点し、無用な手数料を支払って「処分」してしまう人が後を絶たない。

実際、この手の引き取り業者が引き取った区分の登記事項証明書を見ていると、「処分手数料」をもらって引き取ったはずの物件が、その後僅かな期間を経て別の第三者に売却されている形跡が確認できる。これは前章で触れた手口と同様だ。引き取り手が現れなそうな物件に関しては、とりあえず所有権は移したものの、その後一切の管理費や修繕積立金も支払わず、やはり管理組合に競売を申し立てられている。

これでは、ダイレクトメールに、引き取りの条件として明記されている「処分手数料」や、数年分の管理費は果たしてどこへ行ったのか、強い疑念が残ると言わざるを得ない。「処分」と言っても、不動産はゴミの日に出して焼却処分すれば終了、というものでもなく、所有権を放棄することができないからこそ多くの所有者が悩んでいるものだ。つまり何を以て「処分」と言えるのか、何をしたら「処分」が完了するのか非常にあいまいである以上、「処分手数料」なるものはその内訳や定義が不透明になりがちなのである。

法令違反を問うのは難しい

そして巧妙なことに、高額の手数料を徴収しておきながら、管理費すらも未納のまま放置するような会社は、手段として悪辣である事は疑いもないが、現状、法令違反を問うことも難しい状態にある。数年分の管理費の名目で金銭を受け取っておきながら、実際に納入していなければ「詐欺」と言えるかもしれないが、いずれにしても所有権は移されている以上、前所有者が、管理費の納入状況についてその後も関心を払うことはないだろうし、すでに物件と関わりが無くなっている以上、そうした現状を知る機会すらないだろう。高額の手数料は決して軽い負担ではないはずだが、それで本人が物件を手放せて納得しているのであれば、自分が無用な費用を負担させられたという自覚もないまま今も過ごしているかもしれない。

繰り返すが、「負動産」の引き取りサービスは、近年拡大している新しい不動産取引の一形態であるし、所有者自身が、金銭的負担とまで行かなくとも、ある程度の調査や知識がないと処分にこぎつくことができない無価値な不動産が増加しているのは紛れもない事実である。また、問題のある引き取り業者がダイレクトメールで力説する「無用な不動産は子や孫世代の負担になる」という点も、決して誤りではない。

ほかならぬ僕自身も、市場価格が崩壊した旧分譲地を所有するリスクについて繰り返し語っており、そうした「負動産」所有者の不安をあおる一端を担っているともいえる。その情勢に乗じた、極めて巧妙なやり口と言わねばならない。すでに多くのリゾートマンションの管理組合が、こうした引き取り業者の勧誘について、組合員に対し注意喚起を繰り返している。

高齢者や年金生活者の住処としてのニーズも

本章ではここまで湯沢のリゾートマンションについて負の側面を述べてきたが、メリットもある。現在、全国各地にあるバブル期以前の別荘地の物件は、今も別荘として使われる一方、高齢者や年金生活者を中心とした定住用住戸として使われる例が少なからずある。定年まで都市部で賃貸生活を送っていて、年金暮らしの中では都市部の高額な家賃を負担するのが難しくなった方が、家賃の安い地方に住居を求める場合、多少の管理費は要しても、すでにあるコミュニティに新参者として加わらざるを得ない既存集落よりも、所有者同士の交流が発生しにくい別荘地を好んで選ぶことがある。

別荘ではなく、こうした定住用途として見た場合、実は湯沢町のリゾートマンションは、ある面では合理的な選択肢と言えるのだ。湯沢はマンション建設ラッシュ以前からの古い温泉観光地なので、町中心部にも必ずしも日常生活に必要な商業施設が豊富に立ち並んでいるというわけではないのだが、少なくとも湯沢町の市街地で生活用品の入手に困ることはないし、新幹線停車駅なので他都市へのアクセスは申し分ない。

リゾートマンションを定住用途で使用するとなると、毎月の管理費はそれなりの額を要するが、いずれにせよ年金生活者の体では住居の維持のために自力でできる作業などたかが知れている。そして何より湯沢町の場合、こうした集合住宅で暮らすことによって、時には命を落とす危険性もある屋根の雪下ろしという重労働から解放されるのである。

湯沢のマンションは、新築ラッシュが続いていた当時、地元の新潟日報社が『東京都湯沢町』という連載記事をまとめた詳細なルポを発表しているが、狂乱とも言えるマンションの建設ラッシュに、町当局や住民、地域社会が翻弄される中、冬季に幾度も迫られる雪下ろしの負担から逃れるために、マンションの購入を検討したり、実際に購入してリゾートマンションの住民となった地元在住者の声を紹介している。

リゾートマンションがまちづくりに貢献する可能性

地元自治体にとっても、主要道路や生活道路の除雪は財政的に重い負担であり、少し前によく取りざたされた「コンパクトシティ構想」も、とりわけ雪国にとっては切実な目標でもあった。それが湯沢町の場合、デベロッパーの誰もそんなことは想定していなかったとはいえ、結果として狭い地域に高層の集合住宅が乱立したことで、本来、地方の小規模自治体では到底実現できないような住宅集積地域が出来上がっている。もちろん実際には、現在においても湯沢のマンションは別荘利用の所有者もまだ多く、地元在住者の居住地の集約という役割を存分に果たしている状態にはない。また築年数を考えても、永続的にそのような役割を期待するのは禁物ではあるが、他の豪雪地帯の小都市においては皆無である選択肢が、湯沢町では今なお豊富に残されている。

湯沢町は、新潟県全体で見れば財政状況はそれほど悪くない自治体の一つとはいえ、たとえば公営住宅を1から建てるとなればかなりの財政負担になるであろうし、今からまた市街地全体を再開発するほどの大きな不動産市場もない。既存の住宅地を今後も利用していくのであれば、マンションも含め、市街地周辺に多数の住戸が集約されている今の湯沢町は、前述した除雪はもちろん町が現在運行している福祉バスや、ゴミ収集などの各種行政サービスも、集合住宅そのものがほとんどない他の小規模市町村と比較してかなり効率的な運営が可能になるのではないかと思う。リゾートマンションそのものはバブル期の遺産と言わざるを得ない乱開発の産物とはいえ、せっかく建てられたこれらの集合住宅を、単なる別荘利用に留めるのではなく、町機能の一部により一層組み込んでいくのが得策ではないかというのが僕の個人的な考えでもある。さすがに苗場のマンションに関してはその役割も限定的にならざるを得ないとは思うが。

Column

限界ニュータウンから新宿まで「通勤」してみた

1970年の新聞広告「新宿から100分」を再現

ご覧いただいたことのある方がいるかもしれないが、僕は自身で運営している動画チャンネルで、JR総武本線の成東(なるとう)駅（千葉県山武市）から5㎞ほど離れた分譲地から新宿駅まで、公共交通機関のみによる通勤が現実的に可能かどうか、実際に通勤時間帯の電車に乗車して実証するという体裁の撮影を行ったことがある。

きっかけは、その分譲地の開発当初の新聞広告で謳(うた)われていた「猛烈ビジネスマンの本格的ベッドタウン　新宿から100分─オフィスと直結する」という文言を見かけたことである。「100分」という、今日の感覚ではどう聞いても遠すぎる所要時間を、あたかも唯一無二のアピールポイントであるかの如く記載している点が、当時と現在の住宅事情を対比するうえで最もわかりやすいのではないかと考え、これをネタに一本動画を作れるのではと思い付いてのことだ。

1970年２月２日付朝日新聞に掲載された「東昭観光開発」の紙面広告。

1970年2月2日付朝日新聞に掲載されていた「東昭観光開発」の紙面広告。那須や伊豆の別荘地のほか、「第1・2九十九里浜」と称した、千葉県成東町（現・山武市）の分譲地の記載がある。

検証と言っても、50年前と今日では列車のスピードもダイヤも大きく異なり（1970年当時の成東〜銚子（ちょうし）間は未電化区間でもある）、当時の総武本線の終着駅は東京駅ですらない。そのため、今日の総武本線に実際に乗車してみたからといって、条件が違いすぎてなんの検証にもならない。単に成東の限界分譲地から都内までの距離感を、分かりやすい形で、動画内で示したかっただけである。

広告記載の100分という所要時間も、自宅から勤務先・学校などまでの所要時間であれば、少なくとも関東では、現在でもその程度の時間を掛けて通勤・通学している人など特に珍しくもないと思う。だが、今日成東周辺で分譲される住宅地の広告に、新宿や東京までの所要時間が記載されることはない。現在の成東で販売されている住宅分譲地は、あくまで成東近辺を生活圏とする住民を想定したものであり、50年前と比較して集合住宅の供給も格段に進んだ今、交通不便な九十九里平野の分譲地が、都心通勤者の「ベッドタウン」として販売されることはもうなくなった。

結果的にこの動画は、現在でも僕のチャンネルの中で最多の再生回数になっているのだが、主題はあくまで分譲地の紹介とその開発の背景にある歴史的事情の解説で、率直に言って後半部分の「検証」などお遊び程度のネタのつもりだった。自分では他にもっと緻密に資料を揃えて丁寧に作ったつもりの動画があるのに、なぜこんな横着なものの再生回数が伸びたのか不思議で仕方ないのだが、まあ、再生回数を稼げる動画の作り方などというものが事前にわかれば誰も苦労しない。たまたま何かのきっかけで興味を惹かれる方が多かったということなのだろう。

出発地点のバス停まで行くのに一苦労

さて、そんなわけで実に安易な思い付きで取り組んだ企画であったが、実際に撮影を行うにあたって、まず最初に困ったのが、自宅から出発地点までの移動手段であった。成東のような単線区間の小さな駅では、駅までの交通手段は自家用車を利用し、駅前の駐車場に車を停めて鉄道を利用するのが一般的である。しかしそれでは面白みがないというか、田舎ではそれが普通であったとしても、公共交通機関を日常的に使用して生活する都市部在住者にとってリアリティーのある話ではなくなってしまう。そこで、あえて成東駅までの移動に路線バスを利用しようと、最寄りのバス停留所の時刻表を調べてみると、その停留所に、朝の一本目の成東駅行のバスが通過するのは6時28分であった。

ところが困ったことに、朝のその時間に、我が家とスタート地点であるその分譲地を直接結ぶ交通手段が存在しない。僕の自宅からその分譲地までは13㎞ほどもあり、とてもではないが歩いて行けるような距離ではないので、最初は成東駅前のコインパーキングに自家用車を停め、駅からタクシーに乗って分譲地に行き、そこからバスに乗車して撮影を開始しようと考えていたのだが、成東を営業エリアにするタクシー会社で、朝の6時台に営業している会社が存在しないのである。周辺にはコインパーキングも一切存在せず、月極(つきぎめ)駐車場すらない。つまり東京へ向かっている間、車を停めておける場所がないのである。

仕方ないので、あまり褒められるような手段ではないが、分譲地の近隣にある墓地の駐車スペースに車を停めさせてもらい、そこから徒歩で出発地点の分譲地に向かい、撮影を開始することになった。撮影開始は午前6時10分で、バス停までは徒歩で10分弱ほどかかる。バスの本数は決して多くないので、利用者は大体みな同じ時間に停留所に向かうはずなのだが、周囲には他に歩いている人もいなかった。停留所に着くと、すでに一人の高校生がバス停で待機していたが、結局その停留所から乗車したのはその高校生と、僕と妻の3名だけで、バスの車内にも乗客は数えるほどしかいない。通勤客らしい乗客は皆無である。ただ、僕は以前成田市で路線バスの運転手の仕事に就いていたことがあるので、地方の路線バスのこうした現状については特に驚くようなことではなかった。

駅までのバス代は往復600円

成東駅までの乗車運賃は300円であった（2022年6月時点。現在は320円）。この撮影は妻も同行していたので、成東駅までの交通費だけで片道600円掛かった計算になる。ところが成東駅の周辺のコインパーキングは、駅から最も近いもので1日400円、少し離れた駐車場（それでも徒歩5分程度）であれば1日200円で停めることができてしまう。これではバスより、駅前の駐車場を利用した方がずっと安上がりだ。

もちろん、単に通勤で駅へ行くためだけの用途で自家用車を1台確保するのでは、バス運賃よりもずっと高額な維持費が掛かってしまうが、単に駅の利用時だけでなく、地域で生活するために、成人であれば自分専用の車を1台は保有しているのが当たり前のこの地域では、すでに車が手元にある以上はバスより駐車場を利用した方が安上がりで、なおかつ時刻表に拘束されることもないので時間の節約にもなる（住民の感覚としてはむしろこちらの方が重要）。これでは路線バスの利用が低迷してしまうのも無理もない話だ。

バスが成東駅へ到着したのは6時43分。千葉行の各駅停車が6時59分発（2022年6月当時）なので多少の時間的余裕はある。実はその1分後に、JR東金線・京葉線回りの成東発の便もあるのだが、とにかく目標は最速で新宿駅に到着することなので、あえて混雑することを承知の上で総武本線に乗り、佐倉駅で快速に乗り換えることにした。成東駅は、混雑しているというほどではなかったが、通学中の高校生が大勢ホームで待機しており、入線した千葉方面への電車もすでに満席で、着席することはできなかった。着席したければ次便の始発電車を利用した方がずっと良い。

千葉県・佐倉駅到着までにすでに約1時間経過

佐倉での乗り換え時刻は7時25分。つまり佐倉駅での乗り換えの時点で、すでに出発地点のバス停からは約1時間が経過していることになる。この先、佐倉から新宿まで40分で到着できるはずがなく、この時点で検証は終了しているに等しいのだが、先にも述べたように、別に真面目に検証しているわけではなかったので撮影は継続して行った。次は錦糸町駅で再び各駅へ乗り換えることになる。

乗客の数は、千葉駅を過ぎたあたりから目に見えて増加していく。当然のことなが

1970年、窓ガラスが割れた山手線の通勤風景。
©朝日新聞社

ら乗換駅の佐倉駅でも座席は確保することができず、成東駅からずっと立ちっぱなしである。だが、こんなことは首都圏の通勤電車ではごく当たり前の光景であって、むしろ撮影時点は新型コロナウイルスに伴う行動制限の最中でもあり、コロナ前よりも電車が空いていると言われていた時期である。乗客を車内に押し込むためのアルバイトまで雇われていたような、昭和の「通勤地獄」の時代とは比較にならない。総武線の新小岩駅近くに住む知人が語るには、コロナ前の通勤ラッシュの時間帯は、ホーム上の列に並んで3本ほど電車を見送らなければ乗り込むこともできなかったそうだ。それでもやはり車内は身動きが取れる状態ではない。

錦糸町駅への到着は8時15分だが、ここでの乗り換えが最難関である。ただこれも、コロナ前は下車するのも困難なほど混雑していたことを思えば、撮影時はずいぶん空いていたように思う。それでも乗り換え時はホームの足元が見えないほどの人だかりで、首都圏のこうした鉄道事情を見慣れていなかった視聴者さんの驚きのコメントが多く書き込まれていた。佐倉から来た総武線の快速はそのまま東京・品川方面に向かってしまうので、ここで総武線の各駅に乗り換え、両国・御茶ノ水方面に向かわなくてはならない。

これはのちに鉄道ファンの方からのコメントで知ったのだが、1970年当時の総武本線には、銚子〜新宿間に「犬吠(いぬぼう)」という急行列車が運行しており、件(くだん)の広告表記の「100分」とはその急行での所要時間ではないかとのことであった。現在の不動産広告でも、駅までの所要時間や駅構内の移動時間などは考慮せず、駅間の所要時間のみを記載しているものは珍しくないので、それほど誇大表記というわけではないのかもしれない。

新宿駅までの所要時間は140分に

結局、御茶ノ水駅で中央線の快速に乗り換えた後、目的地である新宿駅に電車が到達したのは8時41分、地上に出たのが8時48分。所要時間はバス停から計測しても1

４０分で、往時より40分も余計にかかる計算になる。特急電車を利用すればより早く到達できるが、特急の始発電車に間に合うバス便が存在しないため、今回の撮影では利用していない。多くの地方都市同様、九十九里平野においても、駅までの移動ですら自家用車に頼らざるを得ない事実が厳然としてある。

動画内では下車後、オフィスビルが連なる新宿駅の西口方面に向かっているが、この西口の光景も、50年前と現在では、ほとんど何の面影も残さないほど変貌しているはずだ。いずれにしてもおよそ「検証」と呼ぶには値しない杜撰な検証ではあるが、都合よく急行「犬吠」を毎日利用できる条件であったならまだしも、そうでなければ今も昔も、決して楽な通勤とは言えないということはわかる。

冒頭で紹介した東昭観光開発の分譲地は、例によって当初の購入者の大半は投機目的であった。同分譲地に実際に家屋が多く建ち始めたのは１９８０年代後半に差し掛かってからであり、それまでは大半の区画が更地だったので、電化前の総武本線を利用して新宿まで通勤した「猛烈ビジネスマン」など、実際はほとんどいなかったはずだ。しかし開発ブームに沸いた１９７０年代から、のちに地価が高騰する80年代後半～90年代初頭の首都圏は、一般的なサラリーマンの給与では都心近郊の宅地などは到底手が届かない価格に跳ね上がっており、都内の会社まで1時間半、2時間かけて通勤するのはごく当たり前の話であった。千葉県には、そんな時代に開発された旧い郊外ニュータウンが、今も数多く残されている。

70年代当時は公害が深刻化していた時代でもあり、環境が悪化する一途の都心部周辺を避け、環境汚染の影響が及ばない郊外が積極的に選ばれたケースも確かにあったのだが、好き好んで過酷な通勤手段を積極的に選ぶ人はさすがに少数派であったとは思う。皆、予算が許す範囲で、可能な限り会社にも近く、また環境も優れた土地を選んでいたはずだ。

そんな時代を生きた方の、土地というものに対する絶対的な信頼感を、今日の相場観をもってあっさり切り捨てるのは酷な話であることはわかるのだが、一方で、もはや最寄り駅までの交通手段すら途絶しつつある「住宅地」の資産価値について、今後も過大に期待を寄せるのが賢明であるとはとても思えない。この機微をはたしてどう扱うか、「限界ニュータウン」という題材を扱ううえで、常にこの点が一番頭を悩ますところである。

第５章

限界ニュータウンの住民

均質化された住民層

高度成長期以降に全国各地で開発された「ニュータウン」における高齢化の問題が取りざたされるようになって久しい。これまで多くのメディアでも指摘されてきた通り、郊外住宅地は、そもそも開発当初から、子育て世代向けという位置づけで、そうした家族構成の世帯が短期間に一気に流入したために、住民が一斉に高齢化してしまっているという事情がある。

もっとも、そうした郊外住宅地とは大きく異なる歴史的背景を持つ既存の旧市街地や農村集落であっても、若年層の住民が流出し、少子高齢化に悩まされている事情は変わらない。結局のところ現代の日本の地方都市は大体どこも高齢化の波が押し寄せていると言ってしまえばそれまでなのだが、確かにニュータウンは、あまりに住民の層が均質化されすぎていたがゆえに、ほとんど対策を練る間もなく急速に高齢化が進んでしまったという事情がある。

ただ、開発当初に入居した住民の多くが高齢化しているということは、裏を返せば、彼らの子供が進学や就職を機会に地域を離れることはあっても、基本的には終の棲家として暮らし続けるのに十分な環境が保たれているということでもあるので、一概に悪いとは言い切れない。逆に多くの住民が、そこで老後を迎えることもなく短期間のうちに転出してしまうような「住宅地」というものがもしあるとすれば、むしろそのほうがよほど深刻な事態とも言える。

荒廃した空き地が数多く残されているその隣で、新築住宅の建築が続く分譲地。宅地開発として歪な印象を受ける。

住民構成の現状

では、本書の第1、2章で紹介してきた、投機目的で販売が行われてきたような「限界分譲地」に、実際に暮らしている住民の構成はどうなっているだろうか。基本的には、地方の郊外同様、全体的には少子高齢化が進んでいるとみておおむね間違いはないはずだが、その変遷を考えると、従来の一般的な「ニュータウン」像、すなわち子育て世帯が一気に流入し、そのまま時を経て一斉に高齢化してしまったというイメージは必ずしも当てはまらない。

投機型の分譲地の場合、開発当初にその土地を購入したのは子育て世帯ではなく、大半がその地で暮らす意思もなかった投資家である。あくまで投機目的なので、購入者が抱え持つ事情や経済状況は千差万別であり、いったんは投機目的の購入者に完売している以上、その後の流通は基本的に、各投資家の個別の判断によって行われてきた。バブル期、実需が少し発生した段階で、そこに家を建てる移住者に対して土地を売却した方もいれば、その後需要が大きく減退する中、損切りを覚悟で手放した方もいる。そして売却のタイミングを完全に失い、今なお所有し続ける方も大勢いる。

もっとも1970年代に分譲された投機型分譲地の需要が一番高まったのは、やはりバブル期前後、80年代後半から90年代半ばころまでに集中しているので、現在千葉県の限界ニュータウンにまばらに残されている家屋は、多くがその時期に建築されたものだ。たとえ交通不便なへき地の分譲地であろうと、新築家屋を求める世代やその動機は一般のニュータウンと変わらないのだが、それでもあくまで最初の取得者の大半は投資家であり、投機型分譲地は、開発業者によって一斉にエンドユーザーに分譲され、一斉に入居が開始された住宅地ではないことには留意する必要がある。人口の流入が集中したバブル期においてでさえ、家屋の新築は虫食い状に発生し、一般的な新興住宅地のような統一感はまったくない。

問題は実際に住民が流入した後の話である。すでに指摘しているように、投機型分譲地というものは、都心通勤者のベッドタウンとしては立地条件が論外であることは言うに及ばず、地域内における日常生活の面においても、その利便性を十分に考慮して開発されたものであるとは言い難い。当時の販売広告を見ても、キャッチコピーは「○○年度内成田新幹線開通予定！」等といった大雑把なものばかりで、売り手も買い手も、その地における日常生活上の利便性はほとんど考慮していなかった模様がうかがえる。旧くからの地域住民は、もちろん近隣でそのような投機型分譲地が開発されていることは知っていたが、多くの場合、なぜあんな不便なところに住宅地を、という反応だったはずだ。今も数多く放置される投機型分譲地については、都会の価格水準で乱売された実用性のない分譲地というイメージが、今でも周辺住民の共通認識として定着している。

もともと交通機関がほとんどない

昨今では地方都市の公共交通の衰退が問題視されているが、千葉県の限界分譲地の場合、衰退云々以前に、元からほとんど交通機関もないような地域であろうとお構いなしに開発されている。幹線道路から離れた山林などを切り開いて開発されている分譲地の場合、最寄りのバス停留所まで徒歩で10分以上要するところもあり、そのような分譲地は最初から公共交通機関の利用をまったく想定していない。

公共交通の衰退によって従来の交通利便性が失われ、それで交通弱者が発生しているという構図ではなく、そもそも自家用車での移動を前提として移入した住民ばかりなのである。中には、地元のバス路線を一度も利用したことがない住民もいるのではないだろうか。実際、へき地と言っても、千葉県の限界分譲地は、豪雨のたびに土砂崩れなどで唯一の生活道路が寸断されてしまうような険しい山奥に位置するというわけではなく、都市の外縁に広がる農村エリアの一角に位置しており、自家用車を運転できるのであれば、極端に生活が困難になるケースは少ないかもしれない。

僕は若い頃に長野県の人口１２００人の村で暮らしたことがあるのだが、その村はそれこそ、崖沿いの山道を1時間近く車で走らなければコンビニエンスストアもスーパーマーケットもないような山間部であった。さすがにこのような立地だと自家用車があっても不便さを痛感したものだ。それに比べれば、今の限界分譲地の暮らしはずっと便利である。

だが、運転免許を持たない子供や、車の運転が困難な高齢者、障碍者にしてみれば、路線バスすらもまともに運行されていない住宅地では、日常生活においても様々な不都合が生じてしまうはずだ。本人は問題なく自動車の運転が可能であったとしても、自力での移動手段を持たない交通弱者の家族がいる限り、生活の中で必ずそのサポートに回らなければならない機会がしばしば到来する。

路線バスが著しく衰退したエリアでは、今や最寄り駅までの交通手段すら途絶している。自転車に乗れないような荒天になると、駅前では学生を送り迎えする車両で溢れかえる光景がしばしば見られる。田舎は歩道も十分に整備されていないので、天候にかかわらず毎日子供を学校や最寄り駅まで送迎する親も珍しくない。こうした子供の送迎は親にとって大変な負担で、子供の成長や進学を機会に、より利便性の高いエリアへ転出してしまうケースもある。

また、すでに子供が成長して、大学進学や就職を機会に独立し、高齢の親世代だけが残されている場合や、日常生活があまりに不便だったり、医療機関が近くになくて転出を迫られたりする場合ももちろんある。インフラの衰退に関しては分譲地だけでなく、周囲の農村集落も置かれている事情は同じだが、農村の住民は何代にもわたってその地に根を下ろして生活を続けているので、親類縁者が地域内に暮らしていることも多いし、地域内に持つネットワークが分譲地の住民とは雲泥の差である。多くの場合、分譲地の住民は、生活上の問題について近隣在住者に大きく頼れるほどの人間関係を構築していない。だからこそ多くの限界分譲地で、築30年前後の、本来なら中古住宅として利用されていなければおかしいような空き家が多く存在しているのだ。

約8割の住民が不満を抱える

1999年に発表された論文『大都市圏外縁地域におけるミニ開発住宅地と居住者特性』（橋詰直道・石毛一郎・中村剛）は、千葉県の旧大網白里町、茂原（もばら）市、東金市の郊外に開発された投機型分譲地（論文中では「ミニ開発住宅地」と呼ばれている）の開発の模様と、そこに住む住民構成を明らかにした貴重な調査報告である。前半部分は同地域における土地利用の変遷を明らかにしているが、後半部分は、実際にそこに住む住民にアンケート調査を行ったうえで、前居住地域や世帯主の通勤先、年齢構成などの統計を行っている。

今日でも東京方面への本数が比較的確保されているJR外房線の利用圏内であるためか、全回答者の40％が東京都内への通勤者という意外な結果となっており、僕が調査対象としている成田空港周辺やJR総武本線沿線とは若干事情が異なるとは思うが、立地条件や生活利便性、分譲地のスペックやコンディションなどは地域を問わず似たようなものであり、1990年代の千葉県内の投機型分譲地における、人口流入直後の住民構成がうかがい知れるとても興味深い資料だ。20代～40代までの年齢層の住民が全体の約7割を占め、転入の理由として、地価の安さと、子育てを行うための十分な広さの住宅を挙げている。この辺りは、今日の一般的な新築住宅の購入者層とそれほど変わるところはないだろう。

興味深いのは居住満足度である。自分自身が居住する家屋そのものについては、全体の4割が満足していると回答し、逆に不満と回答した住民もほぼ同数で、評価は二分している。ところが周辺の住環境についての評価となると、驚くことに回答者の76％が「不満」と回答しており、「満足」と回答した住民はわずかに13％しかいない。多くの投機型分譲地が、住宅地として決して及第点とは言えない点が多々あるのは僕も同意だが、それにしても全体の8割近くの住民が不満を抱える住宅地というのは驚嘆に値する。その理由として挙げられているのが、下水道の未整備や道路事情、商業施設の少なさなど、多くが貧弱なインフラに関するもので、それはそのまま今日の限界分譲地が抱える問題点と直結している。

特に年齢が高くなるほど満足度が低くなるという調査結果が示されており、この論文の発表から約25年が経過した今、当時の住民で今も暮らし続けている方はどれほどいるのだろうか。もちろん、いくら不満があっても住み替えとなると容易な話ではないので、満足していないからと言って必ずしも転出しているとは限らないが、高齢者にとって日常生活に著しく不都合が生じる立地条件である以上、ある程度の割合で住民の入れ替わりは発生しているのではないだろうか。この点については後述する。

高齢者に極めて厳しい住環境

率直に言って、限界分譲地で暮らしている僕自身の実感から考えても、今の住環境が、高齢者に優しい環境であるとはとても思えない。公共交通網の貧弱さもそうなのだが、我が家は管理が行き届いていない分譲地にあるので、敷地内のみならず、道路などの共有スペースまでも自力で整備しないと、あっという間に雑草に覆われて通行に支障が出てしまう。ちょうど本書を執筆している今は夏真っただ中で連日の猛暑が続いているが、高齢者と言うには明らかにまだ早すぎる年齢の僕でさえ、その暑さに負けて整備・作業は滞りがちだ。憧れで作った自宅の庭が、歳を重ねるごとに負担になっていくという話はよく聞くが、有り余る土地が安く買えるということが数少ないメリットのひとつである限界分譲地において、土地の管理が単なる重荷にしか感じられなくなったら、その生活はもう終わりといっていい。「限界ニュータウン」の取材と執筆で生計を立てるようになり、その住環境に満足している僕ですら、今でもなお、老後に至るまでそのまま暮らし続けることに不安がないと言えば嘘になる。

僕が現在暮らしている千葉県横芝光町の、総区画数64区画の分譲地には家屋が7戸あり、そのうち2戸は別荘として利用されているのだが、残りの5戸の中で、その家屋を自分で新築して居住し続けている住民は一人もいない。全員が、僕のように、借家に転用された家を借りて暮らしていたり、あるいは中古住宅として購入して暮らしている世帯である。

また、以前僕がアルバイトで働いていたコンビニエンスストアのオーナーも、やはり同じ横芝光町内の、我が家と似たような空き地だらけの分譲地で暮らしているのだが、一時、自宅を除いた分譲地内の他の住戸がすべて空き家になってしまった時期があったと語っていた。今はそれらの空き家もすべて、のちに転入してきた新住民が暮らしていると言うが、当時そのオーナーは、このままこの分譲地は消滅してしまうのではないかと焦ったそうである。このような住民の「総入れ替え」が発生している投機型分譲地というものは、ほかにもまだあると思われる。

住民の新陳代謝が進む「皮肉な理由」

第1章でも触れたが、かつてのバブル期前後に、限界分譲地に新築を購入して生活を始めた住民の中には、高金利の住宅ローン負担に耐えられず、自宅が競売にかけられてしまった方が少なからず存在する。競売件数がそれほど増加したということは、競売に至る前の段階で、任意売却などの手段でマイホームを手放した住民も多いはずである。つまり、生活に支障が出るほどの利便性の悪さや、そこから生じた不動産の「激安化」は、住宅地の「持続性」を毀損(きそん)した。その結果、住民は入れ替わることになり、皮肉なことに高齢化が食い止められているのだ。

そうなると、住環境や利便性に難があり、住民の経済状況も不安定な住宅地のほうが、かえって住民の入れ替えや新陳代謝が促進されるという倒錯した現象が発生することになり、これでは果たして住宅地としてどちらがあるべき姿なのかわからなくなってしまう。高齢化を食い止めるための手段が、およそ計画性とは無縁な、管理の行き届かないスプロール化現象というのでは、根本的な問題解決になっていない。

だが実際に、前述の論文が発表された1990年代末はともかく、集中的な人口流入が発生して30年余りが経過した現在においては、そんな投機型分譲地の住民構成は大きく様変わりしている。そもそも、今の時代にこのようなへき地の旧分譲地から東京都内まで通勤している住民などまれである（80〜90年代と比較して、公共交通機関の利便性はさらに低下している）。のちに移入してきた新住民の中には、幼い子供を抱えている世帯を見かけることは時折あるものの、全体としてもはや現在の限界分譲地は、より広い居住空間を求める子育て世代の受け皿という機能は果たしていないし、地価が大きく下落した昨今は、無理にへき地の旧分譲地に住居を求めなくとも、利便性や住宅性能など、総合的に見れば割安な住宅が、市街地や商業施設の周辺で盛んに供給されている。

移入は近隣住民の「住み替え」が最も多い

では、今日の限界分譲地には、いったいどんな住民が暮らしているのだろうか。これに関しては残念ながらはっきりした統計や記録は今のところ見当たらず、あくまで僕自身の私生活や仕事でお会いした範囲の中でしか語ることができないのが恐縮だが、前述のように、新築当初からその家に住み続けている人にお会いする機会は多くあるものの、そうではない方にお会いする割合も一定程度あり、意外と住民層はバラエティに富んでいるという印象を受ける。自分自身が他所からの移住者だから、同じような方とのお付き合いが多くなるだけなのかもしれないが、高度成長期やバブル期に夢のマイホームを取得し、やがて子供も独立し、その後地価が下落して「オールドタウン」と化してしまった町に、高齢者が今もそこに残されて暮らしている、というような、一般的なニュータウンのマイナスイメージに必ずしも合致していない。

現在の限界分譲地に移入してくる住民で最も多いのは、持家、借家を問わず、近隣住民の住み替えである。これは僕自身の肌感覚としてもそう思うし、また地元不動産会社の方とも意見は一致している。確かに限界分譲地の利便性は良くないが、そもそもこういう分譲地があるような農村の小規模自治体は、言ってしまえばどこに住んでもその利便性に大差はなく、その良し悪しは別として、地元の方は公共交通の存在自体も意識していないことが多い。例えば新婚の若者などで、新しく子供ができて、それまで住んでいたアパートでは手狭ということで、就学時期までのつなぎとして限界分譲地の貸家を借りる方もいる(そういった世帯が、子供の就学を機会に家屋を新築する)し、すでに子供が独立しているくらいの中年以上の方が、廉価な中古住宅を購入して移り住んでいることもある。

今日の限界分譲地では、貸家の入居者募集広告を見かける機会が非常に多い。最近は以前よりも価格が上昇しているとはいえ、今でも数百万円程度で、特に大掛かりな補修も必要ないコンディションの築20～30年程度の中古住宅が購入できる分譲地の物件は、エンドユーザーが居住用に購入するだけでなく、不動産投資家が賃貸物件として運用するために購入するケースが多々ある。僕は趣味でも、あるいは仕事のための情報収集でも、物件情報は頻繁にチェックしているが、２０２０年頃までは、廉価で売りに出されていた中古物件の広告が下げられ、その後すぐに同じ物件が賃貸物件として広告に再登場する模様を頻繁に見かけたものである（本書の執筆時点では、飽和状態に達したのか少し下火になっている）。「かぼちゃの馬車事件」に代表されるような、投資物件に対する不正融資が問題となり、自己使用以外の住宅購入に対する融資の審査が以前より厳しくなったことが影響したのか、融資を必要としない価格帯の中古住宅が、投資物件として大きく注目されていた時期があった。訪問先で見かけていた家屋が、退去して新たに入居者を募集して、それで初めてその家が賃貸物件であったことを知る機会もたびたびある。こうした賃貸物件が、まだ就学前の幼児を抱える新婚世帯や、僕のような、あまり潤沢な住宅資金を持たない住民の受け皿になっている。多数派とは言えないが、空港周辺の限界分譲地では、外国人労働者の住まいとして使われている家も見る。茨城県の鉾田市に今も数多く残る古い建売別荘などは、技能実習生の宿舎として利用されている事例もある。

リモートワークには不向き？

一方、本書執筆時点ではすでにコロナ禍も去ってオフィス勤務に戻りつつあるようだが、一時期よく取りざたされた「テレワークの普及」による移住者というものは、皆無ではないにしても、果たしてどれほどの数に上るだろうか。少なくとも僕が調査対象にしている千葉県北東部の旧分譲地には、リゾートとして惹き付けるような雰囲気はなく、いくらリモートワークに切り替わったからと言って、さして知名度があるわけでもなければ、周囲に雄大な自然があるわけでもない、農村の片隅にある旧分譲地への移住をある日突然決めるものなのか、少々疑問が残るところである。少なくとも僕の周辺では、リモートワークへの切り替えが直接のきっかけとなって移住したという話は聞いたことがないし、そのような動きは、むしろもっと著名で風光明媚なリゾート地や別荘地で活発になっているような気もする。利便性が悪いので、リモートワークの方が負担が少ないのは間違いないとは思うが、元々田舎の暮らしに慣れている方でもない限り、なんの変哲もない限界分譲地で在宅ワークをしていても、普段の生活に退屈してしまうのではないかという気もするので、結局のところ住み心地は、勤務形態よりもその人自身の気質に左右されるのではないかと思う。

リモートワークであるか否かは別として、新たな転入者の様子を見ていると、例えば庭先にウッドデッキや菜園、ドッグランを作ったり、倉庫やガレージを建築したりと、やはり土地の安さを存分に生かした利用法をしている方はよく見る。もちろん我が家のように、単なる住戸として、大きく手を加えることもなく暮らしている方が圧倒的多数ではあるが、人によっては、自宅の近くの別の空き家を買い取って保護猫の飼育場所にしたりと、先に紹介した論文のアンケート結果にみられるような悲愴感は、彼らからは伝わってこない。そうしたアイデア豊富な方々の具体的な利用方法を拝見すると、ああまだこのような限界分譲地も捨てたものではないのだな、と少し勇気が湧いてくる。

筆者が日常的に利用する、千葉県横芝光町のロードサイド店舗。日用品が一通り揃う一方、交通量が集中する問題も。

しかし、いくら住民の入れ替えが進もうとも、僕の勇気が湧こうとも、分譲地の利便性は全く変わっていないどころか、むしろ開発当初と比較しても後退しているのが悩ましいところである。限界分譲地に暮らしていて、一番よく聞かれるのが日常の買い物についてであるが、率直に言って僕自身は、日用品については何だって良いという考え方で、品揃えに不満を感じるほど熱心に品定めもしていないので特に問題はない。

僕はもともとネット通販をあまり利用するタイプではなかったのだが、千葉県の片田舎に引っ越してきてからは、通販サイトを利用する機会も格段に増えた。ただし都市部のように受け取りボックスなどが設置されている店舗は限られているので、自宅の玄関前に宅配ボックスを設置し、一応盗難防止のために防犯カメラを設置している。

病院、公共施設の乏しさも悩みどころだ。これは自治体によっても若干の違いはあるが、もともと投機型分譲地が開発された市町村は、財政規模の小さな自治体が緩慢な都市計画の隙間を突かれて乱開発が進められたケースが多く、総じて公園などをはじめとした公共施設が乏しい。もっとも公園に関しては、開発業者が分譲地内に設置していたところもあるものの、子供の数が減少していく中で、その公園を利用する住民もいなくなり、雑草が繁茂して荒れているところも少なくないので、あれば良いとは一概に言えないのだが、医療機関と教育施設までの距離は、今後ますます分譲地の先行きを左右する決定的な要素の一つになるだろう。

限界分譲地を能動的に活用する人も

今の時点でも課題は山積みだが、より深刻なのは今後のことである。住民の新陳代謝がわずかながらも発生しているという状況は、必ずしもマイナスポイントではないかもしれないが、そもそも家屋の絶対数が少なく、限界分譲地の区画の多くは不在地主が所有する更地なのだから、局地的に住民が入れ替わったところで、それがただちに根本的な解決につながるわけではない。地域の住環境やインフラを維持していくには、やはりある程度のボリュームの人口が必要になるし、住民の事情は十人十色で、誰もが地域を支える気概でその分譲地を利用するわけでもないだろう。僕はそれなりに近所の方々とはお話をするほうだとは思うが、もちろん近隣の移住者の中には、あまり近所の方と交流を持ちたくないのか、ほとんどあいさつ程度のやり取りしかしたことのない方もいる。

僕の場合、そもそも今の分譲地に引っ越してきた経緯は特異なもので、現在の借家を借りる前から、すでにこの分譲地内の１区画を購入しており、草刈りをしたり物置を置いて使っていたりして、引っ越し前から近隣住民の方と少なからず交流があった。土地の整備を繰り返しているうちに、購入した土地の隣の貸家が入居者を募集し始め、よく話していた近所の方に「あなたたちもこっちに引っ越してきなさいよ」とも言っていただいて、それで転入を決意したものだ。

田舎は変化に乏しいので移住者の存在には敏感である。我が家が引っ越してくる前から、その土地を購入して切り拓いている者がいることは、それまで顔を合わせる機会がなかった別の近所の方もよく知っていたようで、転入後の挨拶に回った際に、「あの土地で薪割りとかしていた方でしょう」と聞かれることもあった。

このように、個別の住民同士の関係においては田舎ならどこでも見られるような平凡な距離感で成り立っているとは思うが、それ以前の根本的な問題として、そもそも最初からまともな都市計画に基づかず投機性ばかりが優先され開発された乱開発の分譲地を、今後も引き続き地域の住宅地として組み込み、維持し続けていく必要性が果たしてあるのかとは思わなくもない。そうは言っても現時点では、そんな交通不便な限界分譲地も、一つの住宅地として地域社会に組み込まれているのが実情なので、効率化の御旗の下に、それらの分譲地の住民を強制的に排除するわけにもいかない。

僕もそのうちの一人に含まれるのだろうが、現在の限界分譲地を居住地として選択する住民は、あえて不便なことを承知のうえで、安い住宅や土地を活用するために能動的に選択している方も多い（そうでなければ選ぶ理由がない）。よく、今後はますます人口減少が進むから、郊外やへき地はそのうち住民が消え消滅していくと短絡的な推論を立てる方がいるが、実際のところ、都市というものはそんな都合よく外側から収縮していくものではない。市街地に近いエリアでも、再建築不可だったり長屋式の建物だったり、あるいは商圏が移動してしまったために今となっては何の事業を行っても全く収益が見込めない旧市街の古びたテナント、雑居ビルや古い旅館跡など、多額の維持費ばかり要するような建造物、そのほか権利関係が入り組んでいて、その対処に要する費用が物件の実勢価格に見合っていないものなど、需要を失いつつあるのは必ずしもへき地の物件だけに限らない（総じて人口減の進む地方の小都市で起きている現象という共通点はあるが）。

住民に悲愴感があまりない理由とは……

こうした、虫食い状に町が衰退・空洞化していく現象を、東京都立大学教授の饗庭伸（あいばしん）氏は著書『都市をたたむ』の中で、都市の「スポンジ化」と呼んでいる。住民の感覚からしても、この「スポンジ化」というネーミングは非常に言い得て妙だと思う。公共交通網の衰退や、路線バス網の途絶によって、確かにへき地の旧分譲地はベッドタウンとしての役目を終えつつあるが、一方で、鉄道駅周辺に展開された旧市街の訴求力もまた、同時進行的に低下しているのが地方都市の現実である。地域社会全体の活力が失われていく中で、不動産市場も、必ずしも理想的な都市計画に一致して変遷していくわけではない。むしろ過去を振り返っても、千葉県北東部においては、想定した計画通りに開発が進められていたケースのほうが少ないかもしれない。

ただし実際のところ、僕自身も住民の一人として、常日頃からこんな大袈裟な問題意識を持って暮らしているかと言われればそんなこともなく、日々の生活はもっと平凡なものである。「限界ニュータウン」という言葉には、どうしても住民に対する悲愴感のようなイメージがつきまとってしまうが、住民の皆が皆地域の将来に思い悩んで暮らしているわけではない。むしろ僕は、住民ではなく都市部在住の不在地主が所有する空き地や空き家の流通や売買について問題視することが多く、それが限界ニュータウンの諸問題の根本原因であるという考えで一貫している。次章では、そんな限界ニュータウンの「空き地」「空き家」のある種特殊な売買市場について詳細に解説していく。

Column

2019年、台風15号の惨禍

暴風の被害甚大

2019年9月9日、僕が住む千葉県では、房総半島南部から上陸した台風15号の襲来によって大きな被害が発生した。河川の氾濫被害はさほどでもなかったが、暴風による倒木と、その倒木による電線の破断による停電被害は広範にわたり、それに伴う断水や、ガソリンの品薄など生活上の様々な不便を強いられる事態となった。

台風発生時、僕は千葉県芝山町にある交通不便な住宅団地の借家に暮らしていた。すでに限界ニュータウンに関するブログの執筆は行っていたものの、当時はまだバス会社に勤めていて、この題材で生計を立てることになろうとは想像もしていなかった頃である。

その日の夜明け頃、僕と妻は激しく吹き荒れる風の音で目が覚めた。台風が襲来することは前日までの予報で聞いていて、雨戸は全て閉めて就寝していたため、夜が明けても室内は暗いままだったので電灯をつけようとしたのだが、その時点ですでに自宅周辺一帯は停電に見舞われていて点灯しなかった。窓の外からは暴風が吹き荒れる音のほかに、物が荒々しく飛散する音が間髪を入れず響き、恐ろしくて窓を開けて外の様子を確認することもできない。ようやく風の音がやみ、外に出て周囲の模様も確認すると、庭に置いてあった廃棄予定の冷蔵庫は倒れており、近隣には、壁や屋根が剝がれている家屋も見受けられた。我が家も屋根材の一部が剝がれ、庭にその破片が散乱していた。

停電に伴う断水も

停電が復旧する兆しはまったく見られず、どういうわけか水道の水も出なくなっていた。我が家のあった住宅団地には町が運営する団地専用の上水道設備があり、その水道設備自体は非常用電源を備えていたものの、下水の処理施設が停電してしまって復旧の見込みが立たなかったので、排水処理に支障をきたさないために上水道を止めていたのだと、のちになって知らされた（結局自治会の抗議により3日目以降は復旧した）。

路線バスの仕事は被災しても休業にはならない。信号機も消灯したままの道路を、交差点を通過するたびに徐行しながら通勤し、同じく停電に見舞われていた営業所では、発電機で事務所のパソコンなどを稼働させ、バスの運行を続けていた。

台風通過後の芝山町内の住宅地。左の家屋は暴風によって屋根がめくれあがっている。

幸いなことに我が家の電気は被災後3日目に復旧したが、周辺地域ではなおも停電状態が続いていて、その復旧作業は夜を徹して行われていた。断線の最大要因となった杉の倒木の除却は困難で、僕が知る限り、最も復旧が遅かったのは山武市内のある分譲地の15日間。そのほか、主に成田空港周辺の農村部をはじめ、特に杉林の多い山武市北部を中心に、およそ10日間に及ぶ長期停電に見舞われることになる。中には多古町のように、電柱そのものが暴風によってへし折れ、倒壊してしまったところもある。

台風通過後は無風状態の晴天が続き、9月上旬の千葉県はまだ夏とほぼ変わらず昼も夜も蒸し暑い。

停電によりエアコンも扇風機も作動させられない室内ではとても寝られたものではない。やむなく僕と妻は少しでも睡眠時間を確保するために車中泊を行うことになったのだが、その車を動かすためのガソリンも品薄状態が続き、勤務が終了するころには、自宅周辺のガソリンスタンドはどこも品切れで給油することができず、僕はわざわざ高速のサービスエリアまで出向いての給油を強いられた。ちなみに停電時は、携帯電話の基地局にも何かしらの支障が出ていたようで、多くの地域で携帯電話の電波状況も悪くなっていた。しかし多くの住民にとって、何よりもっとも深刻だったのは、やはり停電に伴う断水だろう。

上水道の普及率の低さも仇に

千葉県北東部は上水道の普及率が低い。特に、倒木によって広範な停電被害に見舞われた富里市南西部や山武市北部は、上水道が一切普及していないエリアにまで分譲地が開発されているために、そうした地域では各家庭で敷地内に井戸を掘削し、電動の井戸ポンプで汲み上げた水を生活用水として利用している。これは分譲地だけでなく一般の農家や事業所でも同様なのだが、停電によって、そんな上水道未整備地域の住宅が一斉に断水してしまったのだ。

電動井戸ポンプは稼働時に多くの電力を要するため、出力の低い廉価な発電機では作動させることができない。ポンプはそのまま家屋の配水管に直結させてあるために容易に取り外せるものでもなく、断水に見舞われた世帯の多くが、日々の生活用水を確保するのも困難な状況に陥ったのである。

限界分譲地特有の「希薄なコミュニティ」のリスク

台風通過後、僕は被害の模様を記録してブログで報告するために、いくつかの分譲地を訪問している。山武市北部にある限界分譲地は、杉林の奥深くに開発されているところも少なくないため、倒木被害の模様を確認する必要があると考えてのことだ。僕が見て回った限りでは、倒木によって家屋に大きな被害が生じているところはなかったが、芝山町にある神社の社殿は、境内の巨木が倒れたことによって完全に圧壊された箇所もあった。

台風15号の被害は千葉県全域にわたって発生したものであって、その模様を、分譲地に特化して扱うこと自体にはさしたる意義もない。しかし、自然災害による被災時の備えや対策を考えた場合、農村集落ほどの地域社会との濃密なつながりもなく、備蓄用品の保管スペースも限られているようなミニ開発の分譲地は、自然災害に対してあまりに脆弱(ぜいじゃく)である。農村部における濃密な人間関係は、しばしばその閉鎖性が「田舎暮らしの闇」などと揶揄(やゆ)される。田舎の濃密すぎる人間関係が煩わしいという感覚は、確かに僕にもわからなくもないのだが、こと災害時においては、周辺地域から孤立しすぎているのも考えものである。

この台風における長期停電の間、電力会社もその停電被害の全容は把握しきれず、復旧が遅れてしまった地域や住戸を指す「隠れ停電」という言葉も登場した。ある特定の地域について、そこが停電しているかどうかの情報すら共有できないほどの希薄なコミュニティでは、停電より甚大な自然災害に見舞われた際に、人命にかかわる事態をもたらしかねない。僕自身も、日頃は旧分譲地が持つドライな人間関係を享受している住民の一人であるが、そればかりでは深刻なリスクに対応しきれないことも起こりうると思わされる出来事であった。

第６章

限界ニュータウンの売買

坪単価が10分の1以下まで下落している物件も

「限界ニュータウン」の言葉には、1970年代の高度成長期から80年代後半のバブル期にかけて開発され、今では需要を失った住宅地や家屋の価格が、大きく暴落しているというイメージがある。実際には、投機目的の土地分譲の多くは高度成長期以前に行われたものなのだが、地域外の方はもちろん、地元住民でも、多くの地主がバブル期に高値掴みしていると誤解している人が少なくない。

この理由としては、「限界ニュータウン」が地価高騰で一時つけた高値と現在の実勢相場とのギャップが、特にバブル期の価格においてインパクトとして残る事例が多く、また実際に住宅地として利用されたのがバブル期であったケースが多かったことが挙げられるだろう。

しかし、いずれにせよ現在の実勢相場は、特に更地に関しては、高度成長期であれバブル期であれ、購入当時の価格から大きく値を下げてしまっているケースが大半だ。すでに繰り返してきたようにその原因は、多くの投機型分譲地の利便性が悪すぎて、人口増や経済成長が見込めなくなった今日ではほとんど需要が発生しないこと、また別荘地においては、もともと高度成長期の時代から過剰供給で、別荘ブームの終焉とともに放置区画が増加していて更地の需要が低かったことにある。

ただ、継続的に地域の物件情報や売買事例などを目にしていると、一口に限界ニュータウンだからと言って、画一的に底値まで暴落しているというわけではないことがわかる。中古住宅に関しては、ただ全体的に価格相場が都市部より安いというだけで、新しければ高く、古くて傷んでいれば安くなるという一般的な不動産の市場性と特に変わらず、それほど例外的な印象を受けることもないが、更地の価格に関してはまさにカオスとしか言いようのない状況が続いている。それは土地によっては高値を維持しているという意味ではない。もっとより深刻な理由で、更地には統一された価格相場というものが今なおまったく形成されていないのである。

なぜ統一された相場が形成されないのか

ブログを開設して以来、僕は千葉県北東部の物件情報を中心に、可能な限り多くのサイトの物件情報を日々チェックしてきた。大手ポータルサイトや、個別の仲介業者のサイトなどを中心に、最近は、無償譲渡を含めた個人間取引を支援する形態の不動産サイトにも、千葉県北東部の分譲地がしばしば出品されるので、そちらも併せてチェックしている。また、具体的な土地の所在地までは明かされていないが、国土交通省が運営する土地総合情報システムでは、届け出があった不動産取引について、その土地の面積や売買価格の事例などを町名ごとに公開している。

もちろん、広告掲載の価格というものは、基本的にはあくまで売主（あるいは仲介業者）が希望する売り出し価格であって、不動産売買の現場では、買主が指値を入れて値引きされるケースも多々あるので、広告記載の価格が必ずしも実勢相場を反映しているとは限らないのだが、それにしても千葉県北東部の旧分譲地の物件価格は、その事情を差し引いて考えても、値付けの基準が不明瞭すぎると言わざるを得ない。

一応、一般的な不動産取引（仲介業者を挟んだ売買契約）は、広さにもよるが、1区画20万～50万円、坪単価にして数千円程度のラインで成約している。だがこれは、400万円以下の物件の売買の場合、売主からもらえる仲介手数料の上限が、18万円（税抜）なので、価格度外視で所有地を手放す決心ができている売主の土地だけがこの価格帯で取引されているにすぎず、この相場で市場が維持されているとはとても言えない。

もう少し具体的に言うと、例えば同一の分譲地内においても、通常であれば最も人気があり高値となるはずの南向きの角地より、両隣を既存の家屋に挟まれた条件の悪い空き地のほうが、坪単価が高いということは珍しくない。もちろん後者の売地に買い手がつくことなどまずなく、長年売りに出され続けているのだが、長期間売れ残っているからと言って交渉しても値下げが行われるとも一概には言えず、僕が知る限り、もっとも長いものでは10年近くにわたって広告が出され続けている売地もある。

一方で、前述のように昨今では千葉県の限界分譲地も、「0円物件」として、無償譲渡物件を専門に扱うサイトに登場する事例も多くなった。無償で土地が手に入るともなればさすがに注目も集めるようでその反響は大きく、掲載開始後ただちに多くの応募申し込みがあり抽選が行われているのだが、0円で放出される土地も、高値すぎて長年売れ残る土地も、傍(はた)から見れば利便性や条件に大差があるようには見えない。

統一された相場が形成されない最大の原因は、やはり土地所有者の大半が、その地域に居住もしていなければ足を運ぶこともない、投機のみを目的とした購入者だったことにあるのは間違いない。今頃になってなおも高度成長期やバブル期以上に高値で売却できることを期待している方はさすがに少数派であるとは思うが、開発から半世紀の時を経て、世代交代も進み、それぞれの区画所有者同士に何の交流もない分譲地で、高齢世代の所有者が、自力でその土地の実勢相場を正確に摑むことは容易ではないだろう。

長年放置されている空き区画。更地の状態で分譲されたはずだが、今は雑木が生え、足を踏み入れる余地もない。

「草刈り業者」の大きな存在

そしてもうひとつ重要な視点として、千葉の限界分譲地の場合、そうした相場観を持ち合わせない所有者による非現実的な希望価格であろうと、適正価格へ是正する働きかけが鈍くなってしまう特殊な市場構造があることを指摘しなければならない。

千葉の限界分譲地の光景を特色づけるもののひとつに、各区画に立てられた小さな看板の存在がある。どの立て看板も、「○○様所有地」と所有者の名字を明記したうえで、その下に社名や、場合によっては「売地」などの文言も添えられていたりすることもあるが、これらの立て看板の多くは、「草刈り業者」と呼ばれる遊休地の管理会社のものである。

区画のほとんどが空き地の限界分譲地とはいえ、多くの分譲地には今もわずかながら住民が暮らしている。空き地は放置すればたちまち雑草が繁茂し、長年経過すれば雑木まで生え、隣地や道路上にまで越境してしまう。その除却は当然土地所有者の責任となり、時には近隣住民からクレームが入ったり、地元自治体からの是正指導が入ったりするのだが、刈払機などを使う機会が少ない都市部在住の土地所有者が、定期的に現地を訪問して草刈りを行うのは重い負担なので、そうした不在地主に代わって、年2回ほどの頻度で草刈りを行う事業者が、千葉県の郊外だけでも複数存在する。

多い会社では数千区画に及ぶ土地の管理を請け負っており、千葉県郊外においては、いまやひとつの地場産業として成立していると言っていい。僕が知る限り1回の草刈り料金は数千円～1万円ほどで、都市部から分譲地までの交通費や作業の手間を考えれば決して高額なものではなく、システムとしては双方にとって合理的なものだと思う。ただ当然ながら土地所有者は草刈りを目的に土地を所有し続けているのではなく、最終的な目標は土地の売却だ。ただ漫然と草刈りを繰り返していても、費用が嵩(かさ)み続けるだけで何の解決にもならない。そこで草刈り業者の中には、宅地建物取引業の免許を保有し、そうした管理地の売買の仲介業務を兼務しているところもある。

遠方に住む地権者に代わって、区画の草刈りなどの業務を行う草刈り業者の立て看板。限界分譲地特有の光景である。

条件の悪い土地の所有者は格好の上客

しかし、彼らの本業はあくまで草刈りである。決して高額ではないとはいえ草刈りを行っていれば継続的な収入が見込めるが、売却してしまえば、管理地のひとつを失うことになってしまう。それでも、高額での売買が望める土地であれば仲介手数料もそれなりの額になるが、千葉の限界分譲地を実勢相場で売買するとなれば、その手数料などたかが知れている。一方で、取引における手間暇や責任は、融資のための金融機関との折衝がないことを除けば通常の不動産取引と同様のものになるわけで、限界分譲地の取引など仲介業者にとって「おいしい」仕事ではない。

売主も売主で、人によっては、現在の実勢相場に基づいた査定額を提示すると、ひどく不機嫌になってしまうことがある。査定を頼まれたので現実的な相場価格を伝えたら「当時は○○円で買った」と文句を言われたという話は、多くの地元不動産業者にとって定番の語り草になっている。そんなことで無用に機嫌を損ねるくらいなら、たとえ売主の希望価格が、絶対に売却の見込みがないような価格であろうと、そこはあえて無理に伝えず、その言い値のまま広告を出し続けようという判断に流れてしまうのも無理はない。一般の仲介業者であれば門前払いで扱いを断るような「負動産」の所有者でも、草刈り業者にとっては大事な顧客の一人であるからだ。むしろ、いくら草刈りをしても絶対に売れないような条件の悪い土地の所有者こそ格好の上客とも言える。

草刈り業者の皆が皆、自社の利益ばかり優先して（営利企業なのだから優先するのは当然なのだが）、顧客に正確な情報を伝えず、あるいは顧客を騙して無意味に管理を続けさせているというわけではない。草刈り業者の扱う物件のすべてが誰も買わないような高値で出ているわけでもなく、売却を最優先させたであろう底値で売りに出ていることもよくある。実際僕の知人でも、こうした草刈り業者から格安の土地を購入している人は何人もいる。

土地を売却したいのであれば、足を踏み入れる余地もないほど雑木が繁茂していたり竹林と化しているような土地より、定期的に草刈りを行ってきれいに整地された土地のほうがずっと売りやすい事に疑いはない。管理が行き届かない雑木林は不法投棄を招きやすく、そうなればただでさえ価格の安い土地の市場価値はますます下がってしまう。また、市場価格が低くて、一般の仲介業者では積極的に扱いたがらないところが多い中、それでもその土地を市場に流通させるためには、草刈りなどの管理業務と兼務しなければ事業として成り立たせることができない。その点においても草刈り業者の意義は高いと僕は考えている。

草刈り業者頼りになっている特異な現状

しかし僕の経験上、一応土地の物件情報こそ出して、現地に「売地」の看板を立てていても、果たして本気で売る気があるのか疑わしい草刈り業者が存在するのも事実である。ここでその社名を挙げるわけにはいかないが、気になる土地があって問い合わせても、きわめて応対が粗雑であったり、価格を問い合わせても回答すらなかったりすることがある。これは僕だけでなく、同様に売地について問い合わせた近所の方も同じ話をしていたので、そういう体質の会社なのだと判断せざるを得ない。

いずれにせよ限界分譲地の市場は、そうした土地の売買とは異なる「草刈り業務」で維持されているという特有の事情があるので、どうしてもその価格には、需要に基づく正常な競争原理が反映されていないというか、そもそも根本的に競争原理が働くほどの需要がないエリアであって、不動産売買とは別の異なる市場が形成されているのである。

そのため千葉の限界分譲地の売値は事実上、売主自身の考え方や売却への意気込みのみに大きく左右されてしまっている。たとえ日当たり良好な南向き角地であろうと、所有者がその土地を一切必要としておらず、可能な限り早急に手放したいと考えていれば価格は底値に近いところまで下がるし（場合によっては0円にもなる）、たとえ条件が悪くとも、売主が過去の購入金額を忘れられず損切りに踏み切れなかったり、あるいは特に生活に困っておらず売り急ぐ理由もない場合は、いつ売れるとも知れないような価格で広告が出され続けることになる。投機目的で販売された分譲地は全国各地にあるが、僕が知る限り、複数の草刈り業者が群雄割拠し、それがひとつの地場産業として成立しているのは少なくとも千葉県の郊外だけだ。

だが、言葉は悪いが、決して生産的とは言えないこの「草刈りビジネス」は、果たしていつまで続くものだろうか。分譲地の数は膨大であるし、率直に言って初期投資もそれほどかからない労働集約型の事業なので、近年中にすぐさま消滅するようなビジネスだとは思わない。だが、今日はもはや新規の「投機型」分譲地が開発されるような時世ではない。多くの分譲地の購入者が高齢となり、所有者の世代交代が進む中、限られた顧客を巡って仕事を取り合う、所謂（いわゆる）「レッドオーシャン」のような事態にならないだろうか。仲介する意欲を見せない業者もあるとはいえ、間違いなく千葉県の限界分譲地の市場は、草刈り業者がその一翼を担っているし、膨大な数の管理地を請け負っているからこその効率性もある。今も住民が暮らす限界分譲地の環境維持は、こうした草刈り業者のビジネスに頼るところが大きい。

現在僕が暮らしている横芝光町の分譲地を初めて訪問したのは２０１８年の夏だったが、それから5年以上が経過し、僕が確認しているだけでも5区画が、いつの間にか草刈り業者が入らなくなり、管理が放棄されてしまった。業者に頼まなくなった理由については各所有者に伺わない限りその理由を知ることはできないが、おそらく、売れる見込みもないまま管理を続けることの不毛さに辟易してしまったのではないだろうか。あるいは相続のタイミングで、相続人の判断で管理契約が打ち切られている可能性もある。

取材で訪れた別の分譲地でも、今は全く管理されなくなり荒れ果てた放棄区画の藪の中に、以前は依頼していたであろう業者の看板が埋もれている光景を見ることは珍しくない。Ｇｏｏｇｌｅマップのストリートビューでも、古い撮影画像と見比べると、徐々に管理放棄地が増加している模様が見て取れる。だが、管理放棄は特定のエリアに集中しているわけではなく、ほとんど人目につかないような、各地の寂れた分譲地の中で散発的に発生しているので、地元住民でさえ、その管理放棄の増加の模様を実感する機会は少ないかもしれない。

草刈り業者としても悩ましいのは、仮に管理している土地が別の人の手に渡った場合、新しい購入者からは草刈りの仕事を受けられる可能性が極めて低くなってしまうことであろう。今、地価の上昇などまったく望めなくなった千葉の限界分譲地を投機目的で購入する人はいない。0円で入手できるような土地であれば、あまり明確な利用目的がなくとも、とりあえずタダならもらっておくか、という安易な理由で取得する人は、僕も含めて存在するが、安いと言っても数十万円の価格がつけられた土地を購入し、そのまま自分で使うことなく、いきなり草刈り業者に管理を丸投げする購入者はまずいないだろう。

限界分譲地の購入者は目的が明確

1970〜80年代、深く考えずとりあえず土地さえ買っておけば資産となりえた時代は過去の話となり、もはや資産として機能しなくなった今日の限界分譲地を購入する人は、購入の目的も、またそのための手段も明確だ。売主の側が高齢のためにインターネットに縁がなかったり、あるいは相続で仕方なく取得していて、ほとんどその土地に対する興味も関心もなくなかなかその地域の現実的な相場価格を知る機会がないのに対し、購入者は目的があるゆえにその土地の利用にあたって積極的に情報を収集する。特に物件情報については、今はわざわざ不動産会社に足を運ばずとも、自宅でインターネットの物件サイトを見れば容易に価格の比較ができる。

また不動産会社は、更地の売り物件に関しては、問い合わせや現地案内の手間を省くためか、広告上にその物件所在地を明記していることが多く、Ｇｏｏｇｌｅマップなどを使用して、目星をつけた売地を自力で確認に行くことも可能だ。むしろ、ネットが普及して個人レベルで多くの物件情報にアクセスすることが可能になった今だからこそ、限界分譲地の空き地が不動産市場に流通し始めたのかもしれない。

実際僕も、ネットが普及していなかった若いころは、住宅情報誌に掲載された広告を見たり、不動産会社に出向いて物件探し（賃貸だが）を行っていたが、あの頃と同じ手法で、限界分譲地の物件探しがはかどるとは思えない。そもそも物件価格を考えたら、不動産会社もわざわざ雑誌や折り込みチラシに底値の更地の情報を載せたりもしないだろうし、店頭で勧めてくることもないだろう。

物件の情報収集が容易になれば、当然供給過多にある限界分譲地の売地市場は買い手市場になってしまい、条件が悪い、あるいは相場より著しく高い売地は誰も選ぶことはないのだが、不幸なことに売主側にその実情を把握する機会がなかったり、あったとしても聞く耳を持たなかったりして、「売れる可能性がある土地」と「売りようもない土地」の二極化がますます進んでしまうことになる。

コロナ禍以降、新築分譲が急増

ところで、本来なら分譲地として最もスタンダードな利用方法であるはずの、住宅の新築用地としての需要については、少なくとも僕がブログを開設し、各地の限界分譲地を巡り始めた当時は、バス便もろくにないような分譲地内で新築住宅を見かけることなどめったになく、事実上需要は壊滅状態にあった。ところがコロナ禍以降、建築資材や都市部の物件価格が高騰した影響からか、これまで新築や築浅の家屋など一切見られなかったような寂れた分譲地や別荘地でも、新築工事を行っている光景を頻繁に見かけるようになってきた。確かに準備できる予算が限られていれば、資材価格が高騰したら土地の取得費用を抑えるしかない。他ならぬ僕自身が予算の都合で限界分譲地に住居を求めて移り住んできたのだから、新築でもその流れがあっても不思議ではないのかもしれないが、新築の貸家まで登場する模様を目にするにつけ、これはいよいよ状況が変わってきたと実感している。その行く末がどうなっていくかまでは、まだ僕にも判断できないのが正直なところだ。

「ジモティー」でスリランカ人と……

さて、限界分譲地の不動産に関しては、僕自身もこれまで何度か購入したり、あるいは無償譲渡を受けている。肝心の住まいに関しては、本書の執筆時点の今でも借家のままなので、本命を後回しにしてどうでもいいような不動産ばかり買ってしまっていると言えなくもない。すでに手放してしまった不動産もあるが、やはり価格の安い物件ばかりに手を出しているためか、普通の不動産売買とは少し異なる手法でばかり取り引きしている気がする。そこで、個人的な経験談なので情報としてはあまり参考にはならないかもしれないが、これまで購入した不動産について、その取引の模様をいくつか紹介していきたい。

①不動産会社が仲介を拒否した分譲地

僕が現在住んでいる千葉県横芝光町の分譲地は、元々は僕が更地を1区画購入したところに、後になってその隣に入居者募集の貸家が出てきたので、それを我が家が借りて移り住んだものである。順番として、先に空き地を買ってから引っ越してくる者はあまりいないとは思うが、その当時すでに、僕は限界分譲地のブログを書いていたので、自分でも1区画、家屋の少ない分譲地に空き地が欲しいと考えて購入した区画だった。

当時の僕はまだ今のように文筆業や動画制作で生計を立てているわけではなく、成田市内のバス会社に勤めていて、ブログも収益化申請を行っておらず副業にすらしていない、単なる勤め人に過ぎなかった。日々の仕事に追われる中、横芝光町の、それも横芝駅からも遠く離れた限界分譲地から成田までは遠すぎて通勤の負担が重く、そこで暮らす決断を下すことはなかなかできなかった。

しかし成田に近いエリアでは、空き地は山ほどあるものの、どの分譲地でも家屋の数はそれなりにあり、自分の求める条件（家屋が極端に少なく開放的な環境）の土地がなかなか見つけられなかったので、当初はあくまで遊びで使うための土地を九十九里平野で探していたのだ。あくまで住まいは成田周辺で確保したうえで、九十九里浜の沿岸部にもう一つ別の拠点を構える、という計画だった。

その分譲地は、現地には埼玉県川越市の不動産業者の看板と、地元の草刈り業者の看板の2つが並べて立てられていた。川越の業者のサイトにはその売地についての情報はなにもなかったが、草刈り業者のサイトには30坪で40万円の価格で掲載されていた。

ところが同社が運営するＹｏｕＴｕｂｅチャンネルにアップされていた現地の映像の再生回数は、購入を検討していた時点でわずか十数回程度しかなかった。しかもそのうちの半分は僕が視聴した回数ではないのかと思えるほどの閑散ぶりである。海岸からも遠くなく、周囲は見渡す限りの田園風景で、個人的にはとても気に入った土地だったのだが、やはり市街地から遠すぎることと、わずか30坪の狭さがネックとなって反響は鈍い様子だった。

分譲地は１９８７年に開発されている。80年代の九十九里平野で販売された分譲地に共通するのは、名目上は別荘地として販売されていながら、１区画がまるで都市部の住宅地並みに狭いことである。僕の自宅のある分譲地は大体1区画30坪だが、近所の分譲地には1区画がわずか25〜26坪しかないところもあり、しかも都会でもないのに旗竿地まであったりする。この狭さでは、家族が十分に住める家と駐車場を1区画でまかなうのは困難どころか別荘地として求められるはずの静寂さや開放感を得ることもできない。

話を戻すと、広告を出していたのは千葉の会社であったが、調べてみると土地所有者は川越近隣の在住者で、明らかに元付は川越の不動産会社だったので、購入申し込みの連絡は川越の会社に入れることにした。ところが、当たり前かもしれないがその不動産会社は、自社から遠く離れた横芝光町の狭小地について、関心のなさを隠そうともせず、価格を聞いても「いくらでも良いみたいですよ」とのぞんざいな返答であった。

詳しいことは売主と話してくださいと言うので、その後売主と電話で価格交渉を行い、草刈り業者の掲載価格の半額である20万円で手を打つことになったのだが、するとその仲介業者の担当者(?)には「もうその価格であれば、お二人で直接取引してもらえませんか」と言われてしまい、ついに仲介を拒否されることになってしまった。話しぶりからして、おそらく売主はその不動産会社の関係者なので、それでこんなズボラな対応が許されたのだとは思うが、20万円の売買の仲介などまったく気が乗らないのは、ほとんどすべての仲介業者に共通する心情であろう。

そんなわけで、業者が仲介してくれないことになったので、僕と売主との間で直接取引になったわけだが、そもそも交渉が成立した時点で僕は川越に行ってもいなければ売主の顔すら見ておらず、電話で話しただけである。売主の方には、所有権移転登記に必要な書類はすべてこちらで用意するから、代金を振り込んでくれれば送付すると言われ、さすがに電話で話しただけの相手に20万円を振り込むのは勇気のいることだったが、売主側もその懸念は見越していて「信用しろと言っても難しいだろうけど、私も20万円で変なことしようとは考えない」と言うので、意を決して指定の口座に代金を振り込むことにした。

よく考えれば、いわゆる振り込め詐欺と違って、買おうとして連絡を入れたのはこちらであるし、売主にしても、何の使い道もなく固定資産税だけ掛かる土地を手放すチャンスをみすみす逃すはずもない。だからと言ってもちろん、電話のみでの不動産取引をむやみに人に勧めるわけにはいかないが、限界分譲地の更地は、もはやその程度の市場価値しかなくなってきているのが現実なのだろう。

なお、振り込み後は無事に登記申請書類一式が郵送されてきたので、それを持って管轄の法務局へ行き、書類を提出して所有権移転登記は完了した。登録免許税は固定資産評価額によって算出されるが、僕が購入した土地は1万円ほどであった。

②「ジモティー」で個人売買

前述のように、僕は元々横芝光町で暮らすつもりはなく、あくまで勤務先のある成田周辺で自宅を構える予定であった。仮にその会社を退職して職替えしたとしても、当時ドライバー職に就いていた僕が仕事を見つけやすいのはやはり成田空港周辺なので、住居はあくまで空港周辺、遊びの土地は横芝光町、と使い分ける予定であったし、実際そうしていた。

そのため僕は自宅の新築用地として、当時暮らしていた千葉県芝山町の借家の近所にあった小さな分譲地を50万円で購入し所有していた。この土地は、格安土地を専門に扱う地元の不動産会社が広告に出していたもので、その取引は一般の不動産売買と変わらない。ただしその土地も35坪と狭かったので、そこに小さな本宅を構え、物置代わりの小屋を横芝光町の土地に建てようと考えていたのだ。

その後、横芝光町に購入した土地に隣接した貸家が入居者の募集を開始し、さすがに所有地の隣の家に住めるという魅力に抗うことはできず、通勤時間が長くなることを覚悟のうえでそこに移り住むことを決意したのだが、そうなると当然、芝山町の土地は使うあてがなくなってしまった。固定資産税もさしたる額ではなかったので、転居後もしばらくはそのまま所有し続け、車検の切れた車の置き場所として使用していたが、改めて振り返ってみると、我ながら無計画な話だとは思う。

だが、僕はその後成田市の会社も退職し、アルバイトの傍ら本の執筆に取り掛かるようになると、たちまち生活が困窮し、生活費はほとんど毎月のように赤字になってしまった。そこで当面の生活費を捻出するために、単なる車両置き場になり果てていた芝山町の土地

ジモティーにおける土地売買の際のチャット画面。スリランカ人などの外国人からの問い合わせが多かった。

の処分を決意したのだが、買値と同じ50万円で販売するのでは、いつ買い手がつくかもわからない持久戦になってしまう。手っ取り早く現金化するためには多少は当初の買値より下げなければならなかったし、そのうえ一般の仲介業者に依頼して仲介手数料まで払ってしまったらますます手残りが少なくなってしまうため、個人売買サイトの「ジモティー」を通じて、自力での売却を試みることにした。

現在は規約が変わって、ジモティーにおける不動産売買のルールも厳しくなってしまったのだが、僕が出品したころは、ジモティーの不動産売買カテゴリには、規約らしい規約などほとんどなかったと思う。僕はトラブルを避けるために、可能な限り普通の不動産広告で必要になる情報は網羅したつもりだったが、こんな記載でトラブルにならないのだろうかと不思議になるような、いい加減な広告は今でもたまに見かけることがある。

関係機関に確認した物件情報を一通り記載し、広告を出すと早速問い合わせがいくつか来たものの、質問は毎回同じ「詳細を教えてください」という、ジモティーの定型文メッセージばかりだった。利用したことがある方はご存じだと思うが、ジモティーは外国人の利用者が多く、何を出品しても外国人からの問い合わせはよく来るので、おそらく日本語が満足に書けないために定型文を使用しているのだと思う。

しかし僕は、トラブルを避けるために物件の所在地はもちろん、面積や地目などの登記簿の情報に加え、通常の不動産広告ではあまりみかけない固定資産税の額まで記載しているのに、それで「詳細を教えてください」と言われても答えようがない。全部に応対するのも大変なので、定型文での問い合わせは適当にあしらっていたが、そのうち、スリランカ人の見学希望者がこまめに日本語で問い合わせてくるようになったので、一度物件の現地で待ち合わせて商談を試みることになった。

成田空港の周辺にはスリランカ人の住民が多い。彼らは独自のネットワークを構築し、各地で料理店などをオープンさせ、それを受け皿にして仲間の来日を促しているという話はよく聞くが、かの国では不動産取引は人づてのコネクションで行うのが通例なので、それでジモティーの不動産情報にも貪欲に問い合わせているとのことだった。

結局、15万円という安すぎる指値を入れられたのでそのスリランカ人に売ることはなかったが、相手はどうも僕のことを不動産のブローカーかなにかと勘違いしているらしく、すでに売却から2年近く経過した今でもたまにそのスリランカ人から電話があり、どこかに良い土地がないかと尋ねられている。そのたびに、僕は不動産業者ではないから紹介できる土地はもうないと回答しているのだが、はたして理解しているのかいないのか、数か月経って再び電話が鳴るという繰り返しである。

なおその土地はのちに、小屋を建てる土地を探しているという日本人からの問い合わせがあり、特に値引きを求められることもなかったので、顔合わせを兼ねた現地案内後、その方と売買契約を結ぶことになった。契約書や登記に必要な書類は僕の方ですべて用意し（ひな形はインターネットで入手できる）、日を改めて管轄の法務局で待ち合わせして、法務局内で売買代金の授受を行うと同時に申請書類を提出し、無事に取引は完了した。

これは意外と知らない方もいるのだが、不動産の所有権の移転登記というものは、原則として売主と買主の当事者が揃って申請を行うものである。司法書士を含めた第三者に委任する場合は委任状が必要となるのはそのためだ。ただ不動産取引は高額なものが多いため個人間取引にはリスクもあるし、特に住宅ローンを組む場合などは金融機関が抵当権を設定する都合上、個人での登記申請が認められておらず、司法書士に依頼して登記申請を行うのが一般的なのだ。権利の状態によって必要な処理や手続きも異なるし、僕自身、予算に余裕があるのであれば、無理に自力で行おうとせず司法書士に依頼するのがベターだとは思う。

③相続して持て余していた土地を無償引き取り

僕のYouTubeチャンネルの企画のひとつに、僕の自宅のある分譲地を自費で整備していくというものがある。その企画を始めるにあたって僕は、分譲地の全64区画の登記事項証明書を取得し、私道の整備を行う旨を伝える書面を区画所有者全員に宛てて送付した。

そのうち約20通は、登記簿記載の住所が更新されておらず、宛先不明で返送されてきてしまったのだが、数名の区画所有者の方からは、ご丁寧な御礼のお電話やお手紙を頂いた。

実際のところ、大半の区画が更地の限界分譲地では、私道の整備くらいでわざわざ全区画所有者に手紙を送る必要性はあまりなく、独断で草刈りや整備を行ってしまってもクレームが来ることなどまずないと思うが、そこは動画の企画としてあえて行ったのと、手紙を送ることによって、どの区画の所有者に連絡がつかなくなっているのか炙(あぶ)り出すことが目的でもあった。

その中で一人、岩手県に在住する区画所有者の方から電話があり、20年ほど前に弟が亡くなり、相続する段階になって初めてその横芝光町の土地の存在を知ったが、自分ももう高齢であるし、年金生活の中で固定資産税を払い続けるのも苦痛なので、タダでもいいから引き取ってもらえないか、とのご相談を受けた。

おそらくこれは現在、全国各地で分譲された、原野商法の土地を含む投機型分譲地を相続してしまった方に共通した悩みではないだろうか。北海道の原野などは固定資産税も掛からず、放置しても誰からもクレームが入らないので、相続はしたものの普段はあまり意識もしていない方も少なくないとは思うが、例えば僕が住む分譲地は課税地目も宅地なので、年間数千円ほどとはいえ固定資産税が課税される。

その方の土地は特に草刈りを行わなくても、周囲からクレームを受けるものでもなかったが、場合によっては草刈り業者に依頼して、使い道もない土地の維持管理費用を捻出し続けなければならない。近年、地方の空き家や空き地が0円、あるいは格安で放出される機会が多くなっているが、それは多くの場合、このような相続のタイミングで、相続人が所有の負担から逃れるために行っている。

正直言って僕自身、分譲地内の空き地が欲しいかと問われれば微妙である。自分の土地に近接しているところであれば喜んで受けるが、この岩手県の方の区画は自宅からも離れているうえ、角地などの使いやすい区画でもない。引き受けたとしてもさしたる使い道もなく、草刈りと固定資産税の負担のみに終始することは目に見えていた（実際、本書執筆時点ですでにそうなっている）。手紙を出したのも、別に他の区画の取得を目的としたものではなかったので、僕としても電話を頂いたときは内心迷ったのだが、このまま岩手県の老人が、管理もせず所有し続けても事態は何も改善しないし、それならば同じ分譲地に住む僕が持つ方が良いだろうと考えて、その土地を譲り受けることにした。

しかし、土地の売買には様々な書類が必要になる。岩手県まで行くのは交通費もかかるし、それこそ司法書士事務所に依頼したほうが手間暇も省けて楽であったろうとは思うが、そこはＹｏｕＴｕｂｅ配信者の悲しい性（さが）というか、動画のネタにでも使わなければそれこそ負担だけを背負うことになってしまうので、こちらで必要書類を取りそろえ、契約書や申請書、委任状などの押印を頂きに岩手県まで行くことになった。

所有者さんのご自宅は、岩手県沿岸部の小さな町の市街地から、さらに山の奥深くの山村にあった。おそらく周囲に農地や山林なども所有していると思われ、それにもかかわらず、一度も行ったこともないような千葉県の田舎町の、それもわずか30坪の狭小地に、年間数千円の固定資産税を支払い続けるのは、さぞ不本意で理不尽と思われたであろう。

電話で話した際に受けた印象に反し、実際にお会いしたご本人は非常に元気な様子だったが、年齢を考えれば、失礼ながらいつ次の相続が発生するかもわからない。ご自身も相続によって仕方なく所有していたからこそ、同じ負担を次の相続人に引き継がせたくない、と考えたのだろうか。0円で手放すということは、当然それまで支払い続けていた固定資産税などの金銭負担は回収できず赤字になるわけだが、そうした損得勘定を抜きにしても、気持ちの面で区切りをつけるために、とにかく不動産を手放したいと考える人は、今は決して少なくないはずだ。

手放すには一定の不動産取引の知識が必要

不動産売買の経験はこのほかにもあるが、手順の流れの話は重複するところもあるので割愛するとして、上記の3つの取引に共通するのは、いずれも一般の不動産会社は扱いたがらない類の物件で、手放すのに一定の不動産取引の知識を要するという点だ。限界分譲地というものは実勢相場が安すぎるために、司法書士への手数料の有無だけでも、その物件の訴求力に大きく影響を及ぼすような市場である。

粘り強く買い手を待ち続ける気があるのなら別として（当然保有コストは嵩んでいく）、もし手早く確実に手放したいと考えるのであれば、宅建士や司法書士の資格試験で要求されるほどの高度な法知識までは必要ないとしても、ある程度の不動産用語の知識を持ったうえで、一般の仲介業者では扱わないような物件を専門に扱い、かつ堅実に業務を行っている会社の存在を把握していないと難しいのが現在の実情である。その知識がないと、それこそ相続したもののただ持て余すだけだったり、あるいは前章で解説したような悪質な事業者の口車に乗せられ、違法かつ無意味な手数料を負担させられる羽目にもなりかねない。

特にここ数年は中古住宅の販売が堅調になっているので、以前と比べれば、長年放置された分譲地の中にもわずかな需要が発生しているところもあり、損切りのタイミングを見誤る要素はむしろ増えているようにも見える。基本的に更地は今なお過剰供給が続き、買主にその土地でなければならない特別の事情でもない限り、地価の安さや不動産取引の煩雑さが足枷（あしかせ）となって、なかなか売却には至らない状況が続いているということは繰り返し述べておかなくてはならない。

Column

限界分譲地の建前と本音

頭が痛い駐車スペースの問題

千葉県の限界分譲地・限界ニュータウンの物件探しは、おおむね一般の物件の探し方と変わるところはない。賃貸であれ売買であれ、通常は物件情報に目を通し、不動産会社の仲介によって住まいを決める、という流れとなる。しかし、一般の住宅街のように隙間なく家屋が立ち並び、各戸に住民が暮らしている環境と異なり、限界分譲地では、およそ半数から、多いところでは区画の9割以上が、その地に長年足も運んでいない、住民ともほとんど何の交流もないような不在地主の更地という特異な環境にある。例えば僕が現在住んでいる分譲地も、総区画数は64区画あるものの、家屋は7戸しかなく、常住している世帯は5世帯しかない。

開発時期は古くてもせいぜい1970年代前半頃であり、農村と異なり就業先や生活習慣も世帯によってそれぞれ異なるので、既存集落のように、共同体として長年の風習や慣習によって育まれてきた文化のようなものは特にないが、そこはやはり人間の暮らす場所なので、場所によってはその分譲地固有の不文律というものが存在しており、それは外部の人間にはなかなか簡単にはうかがい知れないものになっている。

その筆頭が駐車スペースの問題である。特に開発時期の古い分譲地は、1区画当たりの面積が狭かったり、あるいは擁壁（ようへき）があって拡幅が困難だったりして、自宅の敷地内に十分な広さの駐車スペースが確保できていない家がある。しかし、数えるほどしか住民がいない限界分譲地で月極（つきぎめ）駐車場の経営に着手する者など皆無なので（世帯数の多い分譲地では自治会で月極駐車場を運営していることもある）、多くの場合、そのような分譲地では当たり前のように路上駐車が行われている。

分譲地内の道路は私道であることが多く、違法駐車として検挙されることはないとはいえ、仮に他の住民の通行を妨害するような形で駐車を行っていたら、当然それはトラブルの原因になるだろう。ところがこの私道上での路上駐車に関しては、当たり前の話だが、一般的な社会常識として広く共有される明確なルールなど存在しないので、あくまで各分譲地の住民同士の暗黙の了解のもと、なし崩し的に互いに容認しているに過ぎないところが大半だ。ほかならぬ僕が住んでいる分譲地も同じ状況である。

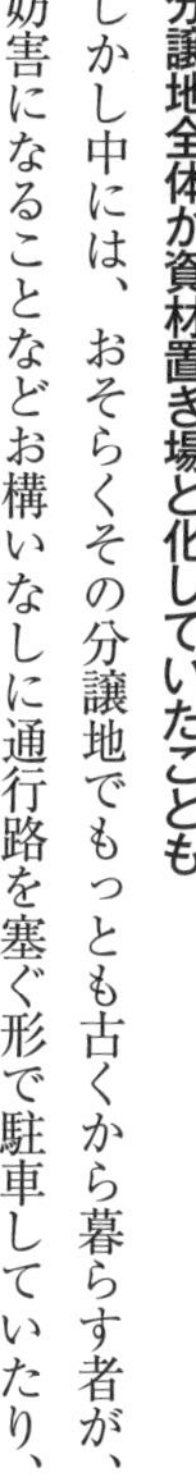

分譲地全体が資材置き場と化していたことも

しかし中には、おそらくその分譲地でもっとも古くから暮らす者が、他の住民の通行妨害になることなどお構いなしに通行路を塞ぐ形で駐車していたり、ナンバーを外した廃車を私道上に放置していたりするような分譲地もある。すでに撤去されたが、ある分譲地では、おそらく住民の商売道具と思われる工事現場の足場材が路上の至る所に積み上げられ、分譲地全体が資材置き場と化していたこともあった。

資材置き場として特定住民に私物化されていた千葉県某所の分譲地の私道。（現在は撤去済み）

こうした事態はあくまでその住民個人の素質に起因するものなので、確実な解決方法は存在しないのが悩ましい。共有部を特定の住民に占拠されているに等しい状況の分譲地内で、売地や売家、あるいは賃貸物件を抱え持っている他の地権者は悲惨である。物件を見学に来た購入・入居希望者が、近隣住民によって道路が占拠され通行にも支障が出ている状況を見て、その物件を選択するとは考えられないからだ。

だが、たとえ住民同士が穏便に譲り合っていようとも、あるいは特定の住民が私物化していようとも、全体として見ればいずれも他の不在地主（私道持分者）の意向を無視した路上駐車であることに違いはなく、どちらも、異議を唱える者がいないからまかり通っているにすぎない話である。

不在地主の土地の無断使用……勝手に小屋が建てられることも

よりグレーな話としては、不在地主の土地の無断使用である。これもまた、駐車場として利用していたり、菜園として利用していたりと状況は様々だが、おそらく相当な数の区画が、近隣住民によって無断で使用されているのではないだろうか。中には小屋が建てられている区画もある。

法に照らしてみれば、これらの無断使用を正当化できる根拠などあるはずもなく、紛争ともなれば住民側に全面的に非のあるものだろう。しかしその一方で、無断使用が行われている区画の多くは、登記事項証明書に記載されている住所の情報が更新されていないため容易に連絡が取れなかったり、管理そのものが放棄され、雑草や雑木で荒れ放題になっていたような土地である。荒地は不法投棄のターゲットになりやすく、害虫の発生、冬場は小火のリスクも高まる（僕が住んでいた八街市内の分譲地も、未管理土地での小火が発生したことがあった）。未管理土地は、近隣住民にとっては迷惑極まりない存在なのだ。

厳密には裁判所などを通じて地権者に管理の要求などを行うのが正当な手続きであったとしても、それで確実に管理が行われるという保証もなく、植物相手にそんな悠長なことをしていても、問題の解決は遠のくばかりである。最初から駐車場や小屋として私物化する目的で占有したのなら、それは悪意のある行為とみなされても仕方がないとは思うが、一方で住民は、路上にまで際限なく生育し続ける雑草や雑木を、不本意ながら「自力救済」を行使して除去し続けなくてはならないという現実もある。

どこまでの無断使用が「グレーな行為」なのか

2023年4月に民法の一部が改正され、自らの敷地に越境してきた隣地の雑草や横枝に関しては、隣地所有者の承諾を得ることなく切除が認められることになった。

しかし現実には、その民法改正の前から、少なくとも限界分譲地においては、承諾を得ないままの越境樹木の切除など当たり前の日常として行われており、ある意味では法が実態に追いついたに過ぎないものである。そもそも未管理区画の地権者は、すでに自分の土地の現状どころか、自分の土地がどこにあるのかもわからなくなっている人すらいるのである。

だからと言って無断使用が正当化されるわけでもないので、これらもまた、単にその分譲地内の暗黙の了解ごととして成り立っているに過ぎない。例えばその分譲地に売家や貸家の物件が出たとして、まさか仲介業者は「近くの空き地に無断駐車可」などと広告に記載するわけにもいかない。土地所有者は私権を侵され、住民はグレーな自力救済で解決せざるを得ず、市場においては実情を大っぴらに語れないという歪(いびつ)な状態が続いている。

ひどい事例では、人の所有地への無断駐車でありながら、その場所取りをめぐって住民同士でトラブルになることもまれにあるそうで、ここまでくるとさすがにその住民のモラルをも問われるレベルの話になってしまうが、多くの場合、住民側もそれほど悪意を持って無断使用を強行しているという意識もなく、そこに余っている土地があるから、という軽い感覚で利用を行っているのが実情だ。

僕自身、そのような限界分譲地が持つある種のおおらかさを享受していないとは言わないが、やはり現在のようなグレーな状態のままで良いだろうとは考えない。重要なのは、どんな分譲地において、どこまでの無断使用が「グレーな行為」として黙認されるのか、その明確な基準などというものがなく、いかなるグレーな行為も状況次第ではトラブルの種となりかねないという点である。そんな薄氷の上に成り立つ暗黙の了解よりも、自己の権利として堂々と行使できる自由の方がやはり価値のあるものだし、可能であればそれが保証された地に住まいを構えたいと思うものだろう。だが今のところ、限界分譲地においては、その実現可能性はほとんどないと言っていい。

第7章

限界ニュータウンは二度作られる

限界分譲地の市場は活況化している

前著でも少し書いたことなのでご存じの方もいらっしゃるかもしれないが、僕は元々文筆業でもなければ不動産業界に関わってきたわけでもない、単なるドライバーだった時に、個人的に千葉県の限界分譲地についてのブログを書き始めたのが、今の生業に至るきっかけだった。そのためブログ開設当初は、不動産の知識も法律の知識もほとんどないまま、ただ分譲地を見て回っただけの感想に過ぎないような記事しか書いていなかった。今もそれに近い状態と言えばそうなのかもしれないが、当時は、ただ自分が使うことを想定した分譲地巡りに過ぎないものであって、まさかこの題材で生計を立てることになるなど想像もしておらず、あまり業界や市場の予測といったものを述べることもなかった。

限界分譲地を巡り始めた最初の頃の僕の印象は、かつての投機型分譲地はもはや宅地としての需要を完全に失い、都心回帰、少子高齢化が進む中、今後はますます空き家が増加していくのだろうというシンプルなものだった。これはおそらく多くの方が「限界ニュータウン」というものに対して漠然と抱いている、あるいはそのネーミングから連想するイメージとも合致していると思う。だからこそ僕は、予算の都合でやむを得ず利便性の低い

「限界ニュータウン」に居を構えるのであれば、おそらく普通の不動産購入よりも念入りに事前調査をし、情報収集を行わないと、将来的に崩落寸前の空き家に囲まれて暮らすことになってしまうのではないかと考え、情報発信・情報交換を目的としたブログを開設したのだ。

そのイメージがすべて誤りだとは考えていない。今の時点でも、かろうじて住民の生活動線上の道路のみ最低限の管理が行われ、建物がない区画周辺の道路は完全に藪に還っていたり、荒れるに任せた空き家が放置され、その間にほぼ雑木林と化した空き区画が残されている、という限界分譲地はいたるところにある。あのような荒廃した分譲地がこの先、子育て世帯の注目を集める人気のニュータウンになる未来などまったく想像できないし、実際、ブログを開設してから今日までのおよそ6年、事態が改善の方向に向かっているようには見受けられない。

しかし、空き地が今なお大量に放置されているその一方で、中古住宅の市場はブログ開設当初と比較して、誰の目にも明らかなほど活況を呈してきた。築30年にも満たない空き家がいたるところに放置されていた千葉県の限界分譲地だが、本書執筆中の2023年秋の時点では、よほど再利用が困難な廃墟でもない限り、空き家に買い手がつかず手放せない、という状況は起こりえないと思う。これは決して僕だけの先入観で語っているわけではなく、取材でお会いした地元の不動産関係者の方々も口を揃えて同じ見解を述べている。むしろ不動産業者自身、同業他社や個人の投資家などとの競争の中、商品としての「空き家」を積極的に追い求めている。このまま空き家が増加してゴーストタウンになってしまうという僕の予測は大きく外れ、むしろ取引価格は上昇する一方で、今では、ブログ開設当初によく見かけたような投げ売り価格の物件など、一般の物件サイトではほとんど見かけなくなってしまった。

千葉県北東部から激安物件が消えた

僕が都内から千葉県八街市への転居を決心して、本格的に物件情報を調べ始めたころ、八街市周辺の、1990年前後に建築された一般的な子育て世帯向けサイズ（床面積70〜90㎡ほど）の中古住宅は、安いものでは150万円くらいで広告が出されていた。もちろん、プロの業者であればそれよりも安い価格で物件を仕入れる機会はいくらでもあると思うが、僕のような一般人でも容易に入手できる物件情報でも、その程度の価格帯の物件はよく見かけたし、300万円程度の価格であれば、大体いつも掲載されていて、数か月間は広告が出され続けているのが常だった。築30年弱の庭付き一戸建てが300万円というのは、都心部周辺で暮らす方にとって衝撃的な価格だったようで、僕のブログで初めて大きな注目を浴びた記事も、そうした八街周辺の物件相場や空き家の事情を語ったものだったが、元々はそんな価格の中古住宅は、いわば「安かろう悪かろう」の廉価品にすぎず、立地条件やその他のデメリットを許容できる購入者が現れるまで粘り強く広告に出され続けていたものだ。

その状況に、はっきりと変化が訪れていると認識したのはいつごろだろうか。もしかすると僕がブログを開設した時点で、すでにその変化は進んでいた最中だったのかもしれないが、いつの間にか千葉県北東部の廉価物件は、広告が出されてもたちまち成約してしまうような商品となり、そのうち、以前ならいつでも容易に見つけられたような、200万~300万円の価格帯での売家そのものが、物件情報サイトに登場することはほとんどなくなってしまった。

そのタイミングが、ちょうど新型コロナウイルスによる全国的な行動制限の時期と重なっていたために、こうした限界ニュータウン、限界分譲地の相場価格の上昇が、リモートワークの普及に伴う郊外志向にあると推測する言説を見かけることがあった。しかし、いくらリモートワークが普及したと言っても、軽井沢のような誰もがリゾート地としてすぐに思い浮かべるような著名な観光地でもなく、「住みたい町ランキング」のようなものにも一切名を連ねてこなかったような千葉の小都市に、いきなりその地の不動産市場を激変させるほど移住者が殺到するものなのか、僕には疑問だった。

売れ行き好調の原因は複合的

もちろん、その選択が全くなかったとは言わないし、特にアンケートや統計を取ったわけでもないので結局は僕の憶測に過ぎない話なのだが、現在の千葉県の限界分譲地の中古住宅は、都市部からの流入がメインだった開発当初と異なり、今はその多くが地元出身者や近隣住民の住み替え需要が中心だ。僕も含め、移住者がまったくいないわけではないのだが、それが多数派になっているような様子も見られない。

原因は僕なりにいろいろ考えてはみた。たとえば、もともと新型コロナウイルスの流行以降は、限界分譲地に限らず首都圏全域で物件価格が上昇気味であり、その価格上昇の波が千葉県の郊外まで押し寄せてきたこと。あるいは、一時期騒がれたウッドショック（本書執筆時点では木材価格は下落傾向にあるが）により新築住宅の建築費用が高騰し、中古住宅の需要が増加してきたこと。また、なかなか上昇しない平均所得を補完するものとして副業が注目を集める中、キャッシュでも買える価格帯の中古住宅が豊富な千葉県北東部が、不動産投資の好適地としてにわかに注目を集めたこと、などである。おそらくどれが決定的な要因とも言えず、様々な要因が絡み合っての結果なのだろう。

また、立地条件は周辺のほかの限界分譲地と何も変わらなくても、1980年代後半以降に開発された分譲地は、道路の幅員や1区画当たりの面積が比較的余裕をもって造成されていて、現代の住宅分譲地と遜色ない規格のところもある。こうした「比較的新しい」限界分譲地では、明らかに新築工事を見かける機会が多くなってきた。僕が物件探しを始めたころ、限界分譲地ではほとんど新築の家屋を見かけることはなかったし、新築工事を請け負う地元デベロッパーも、そうした古い分譲地を新築用地として薦めることもなかった。しかし今は、新築需要のある分譲地の空き地には、草刈り業者ではない一般の仲介業者の看板が立つ光景をよく見かけるし、物件情報サイトにも、そうした限界分譲地での売建住宅（先に建築を行ってから販売するのではなく、買い手から注文を受けてから建築を開始して販売する規格住宅）の広告が並ぶようになってきた。

新築住宅はもちろんキレイでお洒落で、暮らすうえでの問題は何もないように見える。

また、使われる見込みもなく放置される空き家が増加し続けるよりは、市場に流通し、活用が進められていくことのほうが、その分譲地にとっては間違いなくプラスの現象だろう。僕自身も、実はさしたる問題でもないことを針小棒大に騒ぎ立てるつもりはないし、利便性を犠牲にしてでも、土地の広さや家屋の密度の低さによって形成される、ある種の開放感を優先する心理は、もちろんよくわかる。

街は衰退するのに人口は増えるという「倒錯」

しかし、中古住宅の需要が高まろうと、新築家屋が増加しようとも、限界分譲地に関わる諸問題が解決に向かっているかといえば、まったくそんなことはない。新築家屋が並ぶその真横で、今も地権者と連絡が取れない放置区画はそのままになっているし、私道や共同水道などの施設インフラの維持管理のゴールも見えていない。公共交通網もますます縮小する一方であり、小中学校の統廃合も加速している。また、いくら新築や中古住宅が増加しているといっても、新築用地としての需要も発生しない古い分譲地の環境改善にまでは至っておらず、今なお部分的に荒廃が進む分譲地が大半だ。つまり、地域としては明らかに衰退の方向に進んでいながら、一方ではわずかながらの人口流入がいまだ続くという、街としては、いわば倒錯した状況が同時進行で発生しているということだ。

限界ニュータウンについての発信を行っていると、時折、これからの日本社会は人口減が進んで地方が衰退していくのだから、限界ニュータウンのような住宅街も自然に消滅していくのではないか、との意見をいただくことがある。確かに過去の歴史を振り返っても、地方の炭鉱町や開拓農村、林業や炭焼きを主要な生業としてきた集落は、時代や産業構造の変化によって消滅に追い込まれ、あるいは住民が離れて放棄されてきた。むしろ、時代に合わなくなった住まいは放置され、必要に応じてより新しい居住地を見つけていくほうが自然な流れなのかもしれない。すでに高度成長期から半世紀が経過し、旺盛な宅地需要の原動力ともなった人口増の時代が遠い過去の話となった今、当時の論理で造成されたニュータウンが時代とともにニーズを失い、最終的には放棄されていくのは避けられない話なのだろう。

「利用」と「放棄」が混在

しかし、すでに述べてきたように、現時点では利便性の悪いエリアから都合よく衰退が進んでいるわけではない。その是非はさておき、周知の通り現在の地方都市では鉄道駅や、その周辺に広がる旧来の商業地の地位が相対的に低くなっており、古い町はおしなべて道路事情もよくない（自動車の利用を想定した都市構造になっていない）ので、あえてそのような立地を居住地として選ばない住民も少なくない。これは僕が住む千葉県の北東部も同じで、新規に開発される分譲住宅地は、駅や旧市街地へのアクセスは考慮されず、あくまで小中学校や国道沿いのロードサイド店舗へのアクセスを優先していて、そのような分譲地は最初から自動車での移動を前提としている。山林や原野までもが投機の対象となった時代は遠い過去の話となったが、そのような場当たり的な宅地分譲を招く市場の論理や、その分譲地を求める購入者の動機は、高度成長期の時代からいまだ何も変わっていない。新築に限らず、既存の分譲地内でも、中古住宅と更地の需給バランスに著しい不均衡が生じている。

むしろ、都市部から遠く離れたへき地の消滅集落のように、住民のすべてが離村し、そのまま消滅するのなら、語弊のある言い方かもしれないが、話は単純だ。しかし、僕が足を運ぶ千葉県北東部の限界分譲地、限界ニュータウンに関しては、今なおその地域の廉価な不動産商品という位置づけで地元市場、および地域社会に組み込まれている現役の住宅地であって、山村の過疎集落のような自然消滅を期待するには都市部からあまりに近すぎる。「利用」と「放棄」が混在する環境が次第に拡大していくことになれば、それは衰退ではなく都市の荒廃だろう。

日本人は本当に「新築信仰」なのか?

ところで、限界分譲地の問題=空き家問題ではないのだが、空き家が増加する原因としてしばしば挙げられるのが、「日本人の新築信仰」なる概念である。人口は減少に転じ、これからますます空き家が増加していくにもかかわらず、多くの日本人が新築住宅を希求しているために、新規の宅地開発や住宅供給が止まらない、という言説である。しかしこれは、新築住宅の供給が続く理由とするにはあまりに横着な分析であると言わざるを得ない。購入者は、果たして本当に「新築信仰」に突き動かされて、数多(あまた)ある物件の中から、合理的な選択肢ではない(ことになっている)新築住宅を選んでいるのかといえば、決してそんなことはないだろう。

もちろん中には、あえて新築住宅を選ぶ理由はないケースはあるかもしれないが、少なくとも1980年代以前の古い住宅は、耐震性能が現代の建築基準法が定める要件を満たしていないだけでなく、そもそも建物の質そのものが劣り、断熱性能も低い。住宅の間取りや建具にも流行があり、古い家屋は陳腐な印象に加えて、実際に現代の生活スタイルに合わない箇所も多い。限界分譲地の場合、古い家屋は駐車スペースが不充分な代わりに、今はあまり喜ばれないような庭や塀があったり、そこに巨木化した庭木や庭石が置かれていたりする。さらに交通機関の衰退、学校の統廃合により、古い開発分譲地は、そもそも家族向けの居住地としての需要が下がっている。

住宅が生活やインフラの変化に追いついていない

つまり、高度成長期以降、多くの子育て世代が一貫して新築を選んできたのは、生活スタイルや教育・交通などのインフラが目まぐるしく変化してきた一方で、都市構造や不動産供給がその変化にまったく追いついていなかったためである。ことさら新築を崇め奉っているのではなく、時代のニーズに対応した中古住宅の供給が十分ではなく、投じた費用に見合った生活の向上を期待するには新築を選ばざるを得ない、という状況が続いているにすぎない。中古だから当たり前だといえばそうかもしれないが、中古住宅は単に築年の古さだけではない様々な点において、どこかで妥協せざるを得ない点が出てきてしまうということだ。そして限界分譲地の物件の多くは、すでにその妥協点を超えてしまっているということになるだろう。個人的には、古い家がそこにあるのなら、高額の長期ローンを組んで新築を買うよりは、それを再利用したほうが合理的なことも多いとは思うのだが、子どもがなく、子育てもしていない僕の選定基準を、そのままほかの人に当てはめるわけにもいかないだろう。

不動産の世界の先読みは難しい。都市問題や都市工学の専門家は多いが、商品としての「不動産」事情を専門とする研究者や文筆家は多くない。この、いわゆる不動産ジャーナリストの市場の予測というものは、実は外れることが結構ある。古い資料を読んでいると、当時はこんなパラレルワールドのような未来予測が立てられていたのか、と驚かされることがたびたびある。

誰も数年前、数十年前の予測を後になって訂正してお詫びしたりしないので、いつの間にかそのような「誤報」もなかったことになっていたりするのだが、ブログ開設当初、このまま限界分譲地で空き家がさらに増加していくと見立てた僕の予測が大きく外れていることからもわかる通り、不動産をめぐる社会情勢というものは変貌が激しく、容易に予測など立てられるものではない。ウッドショックや円安、外国人投資家の増加による物件価格の高騰などの予測を立てていた不動産ジャーナリストなど存在しただろうか。多くの場合、不動産の購入は、その時点での社会情勢に応じて判断せざるを得ないし、売り手側にしても、地価に対して安易な未来予測を立てて購買欲をあおるような広告宣伝は、現在は許されておらず、あくまでその時点での物件のアピールのみに終始している。

一方で、インフラ整備や宅地造成、住宅販売というものは、社会情勢の変化のスピードに応じて柔軟に対応できるようなものではなく、どうしても対策は後手に回ってしまい、場当たり的な開発を招きがちだ。また、いくら土地ブームの時代が去ったとはいえ、不動産というものはまだまだ高価であり、条件の良い不動産は今も資産として十分に機能しているし、多くの庶民にとっては容易に買い替えが行えるものでもない。ダメだったらまた買い替えればいい、で済まされるレベルの買い物ではないのだから、どうしてもその時点のニーズを最大限に満たしている新築住宅に流れてしまう購入者が現れるのは仕方ないことなのだ。

供給側も購入者側も時流に翻弄されている

また、限界ニュータウンの問題とは異なる話になるが、近年の商業施設は、もともと水田地帯だった低地に大規模に展開されることが多い。その商業施設の近隣に開発された住宅地などは、商業施設同様に、低地に開発されているために、新規に開発された宅地にもかかわらず、豪雨の際は地域内で真っ先に冠水する「欠陥住宅地」になっているところもある。このような物件は、目に見える形で発生している問題の質が違うだけで、根本的には限界ニュータウン同様、最初から売り方に問題があったのだと判断せざるを得ないだろう。

近年は「持続性」という言葉が好んで使われるが、残念ながら多くの限界分譲地、限界ニュータウンは、人が住む住宅地としてはあまりにも「持続性に欠ける」ものであったとしか言いようがない。これが行政と大型資本が一体となって開発された大規模開発であれば事情は大きく異なるのだが、千葉県の北東部にあるような小都市の場合、そもそもデベロッパーも資金的に小規模開発にせざるを得ず、それを制御する役目を果たすべき地元自治体の財政力も弱い。ある意味では供給側も購入者側も、ともに時流に翻弄される側に位置しているために、対策らしい対策がいまなおまったく提言されていないのがもどかしいところである。かくいう僕自身、今起きている問題点を指摘していくことは容易(たやす)いものの、それを解決させる手段に何があるかと問われると、いつも口ごもってしまう。僕自身もまた一住民に過ぎず、地域の住宅事情を激変させるほどの財力は持ち合わせていない。

考えてみれば、今も昔もこの千葉県郊外は、かつては投機の実験場となり、その後は廉価な住宅の供給場となり、そして今はその大きく下落した地価を逆手に取った投資の入門場となるなど、いつの時代も、首都圏の不動産市場に翻弄され続けている地といえるのかもしれない。

あとがき

「限界ニュータウン」問題提起の意義とは

これまで全7章にわたって、主に千葉県の限界ニュータウン、限界分譲地や、新潟県湯沢町のリゾートマンションを事例に、様々な問題や今後考えられる課題を中心に語ってきた。しかし、本書に限らず、現在の僕はこうした「限界ニュータウン」にまつわる諸問題をクローズアップして記事の発信やメディアへの寄稿をし、また時には講演も行って生計を立てているものの、そうした活動にある種の複雑な思いを抱いているのが本音でもある。

僕自身は確かに、自分が暮らす限界分譲地の資産価値になんの期待も寄せておらず、これからの時代、まともな交通機関もないようなこんなへき地の分譲地の資産価値が上がるとも考えていない。だが、それは僕が分譲当初と比較して格段に安い価格で買っているかららこそ未練もなく言える話であって、分譲当初、あるいはバブル期に付いた数千万円の値段に対し、今とは比較にならない高金利のローンを組んで購入した人にとっては、「時代が変わった」の一言で済ませられる話ではない。

僕が東京都内から千葉県に転入して、最初に借りた八街市内の家の近所には、ちょうど１９９０年代初頭、地価がピークに達した時代にその土地を購入し、自宅を新築した老夫婦が暮らしていた。２０１７年の時点で、その分譲地内にはまだ多数の空き地が残されていて、いつ買い手が付くのかもわからないまま草刈りが繰り返されていたのだが、その夫婦は、自宅を建てた60坪の土地を、当時２０００万円という価格で購入したのだという。１９９０年代前半頃、八街市内の建売住宅は、一般的なファミリー向けサイズで３０００万～４０００万円程度で販売されていたが、当時の金融機関の一般的な住宅ローンの金利を考えれば、総支払額はその販売価格の2倍以上になる。

本書執筆時点で、その分譲地の最も安い売値は、51坪で47万円という価格だが、金利を度外視した物件価格だけでも、土地の実勢相場は30分の1以下にまで下落している計算になる。「私たちは、一番高い時に買ってしまった」と力なく語っていたその姿を前に、今はそんな時代じゃないからあきらめろ、などと面と向かって言う勇気は僕にはなく、その時代は八街だけが高かったわけではないですから、と語ることしかできなかった。

その時僕が借りていた家は、2度の差押え→競売を経て現在のオーナーの手に渡っていた賃貸物件であったが、周囲では他にも、破綻とまでいかなくとも、綱渡りのような返済を続けた例が数限りなくあったはずである。理屈では、再びバブル期の水準まで値上がりする日が来ることはもうないのだと分かっていても、感情面で折り合いの付けられない当事者を横目に、地価狂乱の時代を実体験として知らない僕が「限界ニュータウン」などという煽り文句で問題提起することに、はたして意義はあるのだろうか。

まして実際にそこに自宅を建てて暮らしたわけでもなければ、菜園として使うことすらもなく、ただ土地を所有し続けただけの人にとっては、事実を書き連ねるだけでも古傷をえぐられるような話であろう。反面、おそらく「限界ニュータウン」に縁のない多くの方にとっては、そんな話も遠い地における珍奇な事例のひとつにすぎないはずで、結局僕は一体誰に向けて問題提起をしているのか、自分でもわからなくなる時がある。

事実は事実として発信し続けたい

それでも、まえがきでも述べたように、限界ニュータウンというものは、地価が安いが故に、長年にわたって地域社会の片隅で、その諸問題が広く共有される機会もなく、時には詐欺の道具として使われ、あるいはその道具にすら使われることもないまま放置されてきた。そうした現状に蓋をしたところで何か解決するとも思えないし、むしろ情報が少ないからこそ判断を誤っているケースも多々あるだろう。元々は、そういう問題解決を目指して情報発信を始めたわけではないにせよ、ブログを通じて問い合わせてくる方の多くが、「買いたい人」ではなく「手放したい人」であった事実から考えても、多少の批判は覚悟のうえで、事実は事実として伝えていかなくてはならないとは思う。

一方で常々思うのは、読者や視聴者は必ずしも、発信者が意図した通りに情報を受け取るとは限らないということだ。昨今は人口減や若年層の流出に悩む多くの地方自治体が移住促進のためのプロモーションを盛んに行っているし、「スローライフ」などの謳い文句で田舎暮らしを誘うメディアは以前から数限りなく存在するが、ともすればメリットばかりに偏って強調しがちなそれらの発信物に対し、冷ややかな物言いを述べる人というものは一定数いるものだ。

そして、おそらくそれは逆も同じで、確かに僕の普段の発信内容は、普通に考えて移住を誘うものとは到底言えないとは思うが、中には僕が書いたものを鵜呑みにせず、自力で現地まで足を運んで自分なりの判断を下す方だって当然いるだろう。そして多分、今から限界ニュータウン、限界分譲地へ転入するような方は、多分そういうタイプの人の方が多いのではないかと思う。分譲地を使うにせよ、あるいは手放すにせよ、判断材料が多いに越したことはないはずだ、とでも思わなければ、後ろめたさがぬぐえないのは正直な気持ちで、僕はいまだに近所の方に、自分の正業についてほとんど話したことがない。もっとも、平日の昼間から家の周りをウロウロしているにもかかわらず、今はそういう者もあまり珍しくないのか、仕事について聞かれることもないのだが。

元々あくまで個人的な都合で調べ始めたに過ぎなかった「限界ニュータウン」の話が、いつの間にか生涯かけても追跡できるかどうかもわからないほど手広く調べることが生業になってしまった。それが果たして正しい選択であったかどうか、今の段階ではまったく判断がつかないが、今更掲げた看板を下ろすこともできなくなっている。

ともあれ、前書きでも触れたように、これからも高度成長期からバブル期時代の不動産の相続は進んでいくと思われ、「限界ニュータウン」に限らず、不動産の諸問題に向き合わざるを得ない人も増えていくだろう。本書がそうした人たちの一助になれば幸いだ。また、「限界ニュータウン」に住む人々もインフラやコミュニティの問題に向き合っていることと思う。僕も含め、住民の皆さんが、こうした地でこれからどう生活していくかを考えるきっかけとなってくれれば嬉しい。

最後に、本書執筆に当たって、取材に協力していただいたすべての人たちに感謝申し上げたい。

吉川祐介

2023年11月

吉川祐介　よしかわ・ゆうすけ
1981年静岡市生まれ。千葉県横芝光町在住。主に千葉県北東部に散在する旧分譲地の探索ブログ「URBANSPRAWL　―限界ニュータウン探訪記―」の開設をきっかけに、より探索範囲を拡大したYouTubeチャンネル「資産価値ZERO　―限界ニュータウン探訪記―」を運営するほか、寄稿、講演などの仕事も手掛ける。著書に『限界ニュータウン　荒廃する超郊外の分譲地』(太郎次郎社エディタス)がある。

朝日新書
941
限界分譲地（げんかいぶんじょうち）
繰り返される野放図な商法と開発秘話

2024年1月30日第1刷発行
2024年2月20日第2刷発行

著　者　吉川祐介

発行者　宇都宮健太朗
カバーデザイン　アンスガー・フォルマー　田嶋佳子
印刷所　TOPPAN株式会社
発行所　朝日新聞出版
〒104-8011　東京都中央区築地5-3-2
電話　03-5541-8832（編集）
03-5540-7793（販売）

Published in Japan by Asahi Shimbun Publications Inc.
ISBN 978-4-02-295252-3
定価はカバーに表示してあります。